中国古代商号

王烨 编著

中国商业出版社

图书在版编目（CIP）数据

中国古代商号／王烨编著．--北京：中国商业出版社，2015.10（2022.4重印）
ISBN 978-7-5044-9107-7

Ⅰ.①中… Ⅱ.①王… Ⅲ.①商号-商业史-中国-古代 Ⅳ.①F729.2

中国版本图书馆 CIP 数据核字（2015）第 214355 号

责任编辑：孙锦萍

中国商业出版社出版发行
（www.zgsycb.com　100053　北京广安门内报国寺1号）
总编室：010-63180647　编辑室：010-83114579
发行部：010-83120835/8286
新华书店经销
三河市吉祥印务有限公司印刷
*
710 毫米×1000 毫米　16 开　12.5 印张　200 千字
2015 年 10 月第 1 版　2022 年 4 月第 3 次印刷
定价：25.00 元
****
（如有印装质量问题可更换）

《中国传统民俗文化》编委会

主　编	傅璇琮	著名学者，国务院古籍整理出版规划小组原秘书长，清华大学古典文献研究中心主任，中华书局原总编辑
顾　问	蔡尚思	历史学家，中国思想史研究专家
	卢燕新	南开大学文学院教授
	于　娇	泰国辅仁大学教育学博士
	张骁飞	郑州师范学院文学院副教授
	鞠　岩	中国海洋大学新闻与传播学院副教授，中国传统文化研究中心副主任
	王永波	四川省社会科学院文学研究所研究员
	叶　舟	清华大学、北京大学特聘教授
	于春芳	北京第二外国语学院副教授
	杨玲玲	西班牙文化大学文化与教育学博士
编　委	陈鑫海	首都师范大学中文系博士
	李　敏	北京语言大学古汉语古代文学博士
	韩　霞	山东教育基金会理事，作家
	陈　娇	山东大学哲学系讲师
	吴军辉	河北大学历史系讲师
策划及副主编	王　俊	

序　言

　　中国是举世闻名的文明古国,在漫长的历史发展过程中,勤劳智慧的中国人创造了丰富多彩、绚丽多姿的文化。这些经过锤炼和沉淀的古代传统文化,凝聚着华夏各族人民的性格、精神和智慧,是中华民族相互认同的标志和纽带,在人类文化的百花园中摇曳生姿,展现着自己独特的风采,对人类文化的多样性发展做出了巨大贡献。中国传统民俗文化内容广博,风格独特,深深地吸引着世界人民的眼光。

　　正因如此,我们必须按照中央的要求,加强文化建设。2006年5月,时任浙江省委书记的习近平同志就已提出:"文化通过传承为社会进步发挥基础作用,文化会促进或制约经济乃至整个社会的发展。"又说,"文化的力量最终可以转化为物质的力量,文化的软实力最终可以转化为经济的硬实力。"(《浙江文化研究工程成果文库总序》)2013年他去山东考察时,再次强调:中华民族伟大复兴,需要以中华文化发展繁荣为条件。

　　正因如此,我们应该对中华民族文化进行广阔、全面的检视。我们应该唤醒我们民族的集体记忆,复兴我们民族的伟大精神,发展和繁荣中华民族的优秀文化,为我们民族在强国之路上阔步前行创设先决条件。实现民族文化的复兴,必须传承中华文化的优秀传统。现代的中国人,特别是年轻人,对传统文化十分感兴趣,蕴含感情。但当下也有人对具体典籍、历史事实不甚了解。比如,中国是书法大国,谈起书法,有些人或许只知道些书法大家如王羲之、柳公权等的名字,知道《兰亭集序》

是千古书法珍品,仅此而已。

　　再如,我们都知道中国是闻名于世的瓷器大国,中国的瓷器令西方人叹为观止,中国也因此获得了"瓷器之国"(英语 china 的另一义即为瓷器)的美誉。然而关于瓷器的由来、形制的演变、纹饰的演化、烧制等瓷器文化的内涵,就知之甚少了。中国还是武术大国,然而国人的武术知识,或许更多来源于一部部精彩的武侠影视作品,对于真正的武术文化,我们也难以窥其堂奥。我国还是崇尚玉文化的国度,我们的祖先发现了这种"温润而有光泽的美石",并赋予了这种冰冷的自然物鲜活的生命力和文化性格,如"君子当温润如玉",女子应"冰清玉洁""守身如玉";"玉有五德",即"仁""义""智""勇""洁";等等。今天,熟悉这些玉文化内涵的国人也为数不多了。

　　也许正有鉴于此,有忧于此,近年来,已有不少有志之士开始了复兴中国传统文化的努力之路,读经热开始风靡海峡两岸,不少孩童以至成人开始重拾经典,在故纸旧书中品味古人的智慧,发现古文化历久弥新的魅力。电视讲坛里一拨又一拨对古文化的讲述,也吸引着数以万计的人,重新审视古文化的价值。现在放在读者面前的这套"中国传统民俗文化"丛书,也是这一努力的又一体现。我们现在确实应注重研究成果的学术价值和应用价值,充分发挥其认识世界、传承文化、创新理论、资政育人的重要作用。

　　中国的传统文化内容博大,体系庞杂,该如何下手,如何呈现? 这套丛书处理得可谓系统性强,别具匠心。编者分别按物质文化、制度文化、精神文化等方面来分门别类地进行组织编写,例如,在物质文化的层面,就有纺织与印染、中国古代酒具、中国古代农具、中国古代青铜器、中国古代钱币、中国古代木雕、中国古代建筑、中国古代砖瓦、中国古代玉器、中国古代陶器、中国古代漆器、中国古代桥梁等;在精神文化的层面,就有中国古代书法、中国古代绘画、中国古代音乐、中国古代艺术、中国古代篆刻、中国古代家训、中国古代戏曲、中国古代版画等;在制度文化的层面,就有中国古代科举、中国古代官制、中国古代教育、中国古代军队、中国古代法律等。

此外,在历史的发展长河中,中国各行各业还涌现出一大批杰出人物,至今闪耀着夺目的光辉,以启迪后人,示范来者。对此,这套丛书也给予了应有的重视,中国古代名将、中国古代名相、中国古代名帝、中国古代文人、中国古代高僧等,就是这方面的体现。

生活在21世纪的我们,或许对古人的生活颇感兴趣,他们的吃穿住用如何,如何过节,如何安排婚丧嫁娶,如何交通出行,孩子如何玩耍等,这些饶有兴趣的内容,这套"中国传统民俗文化"丛书都有所涉猎。如中国古代婚姻、中国古代丧葬、中国古代节日、中国古代民俗、中国古代礼仪、中国古代饮食、中国古代交通、中国古代家具、中国古代玩具等,这些书籍介绍的都是人们颇感兴趣、平时却无从知晓的内容。

在经济生活的层面,这套丛书安排了中国古代农业、中国古代经济、中国古代贸易、中国古代水利、中国古代赋税等内容,足以勾勒出古代人经济生活的主要内容,让今人得以窥见自己祖先的经济生活情状。

在物质遗存方面,这套丛书则选择了中国古镇、中国古代楼阁、中国古代寺庙、中国古代陵墓、中国古塔、中国古代战场、中国古村落、中国古代宫殿、中国古代城墙等内容。相信读罢这些书,喜欢中国古代物质遗存的读者,已经能掌握这一领域的大多数知识了。

除了上述内容外,其实还有很多难以归类却饶有兴趣的内容,如中国古代乞丐这样的社会史内容,也许有助于我们深入了解这些古代社会底层民众的真实生活情状,走出武侠小说家加诸他们身上的虚幻的丐帮色彩,还原他们的本来面目,加深我们对历史真实性的了解。继承和发扬中华民族几千年创造的优秀文化和民族精神是我们责无旁贷的历史责任。

不难看出,单就内容所涵盖的范围广度来说,有物质遗产,有非物质遗产,还有国粹。这套丛书无疑当得起"中国传统文化的百科全书"的美誉。这套丛书还邀约大批相关的专家、教授参与并指导了稿件的编写工作。应当指出的是,这套丛书在写作过程中,既钩稽、爬梳大量古代文化文献典籍,又参照近人与今人的研究成果,将宏观把握与微观考察相结合。在论述、阐释中,既注意重点突出,又着重于论证层次清晰,从多角度、多层面对文化现象与发展加以考察。这套丛书的出版,有助于我们走进古人的世界,了解他们的生活,去回望我们来时的路。学史使人明智,历史的回眸,有助于我们汲取古人的智慧,借历史的明灯,照亮未来的路,为我们中华民族的伟大崛起添砖加瓦。

是为序。

傅璇琮

2014 年 2 月 8 日

前 言

  我国商业兴起较早。中国古代商业是在历代政府的重农抑商政策的压制下取得发展和繁荣的，到宋元时期空前繁荣，类似于银行的柜坊、类似于汇票的飞钱和纸币很早就出现了。商业受官府控制色彩较浓，中国古代对外贸易以朝贡贸易为主，政治目的大于经济目的。明清时期，因为统治者实行海禁和"闭关锁国"政策，中国对外贸易渐趋萎缩。

  商号是随着商品经济的发展，为区别商主体而采用并发展起来的。我国古代对于商号一般称字号。商号即厂商字号，或企业名称。商号作为企业特定化的标志，是企业具有法律人格的表现。商号经核准登记后，可以在牌匾、合同及商品包装等方面使用，其专有使用权不具有时间性的特点，只在所依附的厂商消亡时才随之终止。在一些生产厂家中，某种文字、图形，既是商号，又用来作为商标。但对于大多数生产厂家来说，商号与商标是不同的。一般而言，商标必须与其所依附的特定商品相联系而存在，而商号则必须与生产或经营该商品的特定厂商相联系而存在。

  伴随几百年商品经济的发展，到明清时期，商品行业繁杂，数量增多，商人队伍日渐壮大，竞争日益激烈。而封建社会统治者向来推行重农抑商的政策，在社会阶层的排序中，"士、农、工、商"

中商也是屈尊末位。对于商人而言，国家没有明文的法律保护，而民间又对商人有"奸商"的歧视。因而，在那样的年代，商人利用他们天然的乡里、宗族关系联系起来，互相支持，和衷共济，于是就成为市场价格的接受者和市场价格的制定者甚至左右者。同时，商帮在规避内部恶性竞争、增强外部竞争力的同时更可以在封建体制内利用集体的力量更好地保护自己，商帮在这一特定经济、社会背景下应运而生。

由亲缘组织扩展开来，便是以地缘关系为基础的地缘组织——商帮。由于籍贯相同而具有相同的口音，相同的生活习惯，甚至相同的思维习惯和价值取向，从而形成同乡间特有的亲近感。按地域划分，有所谓本帮和客帮之分；按行业划分，又有行帮之分。明清时代先后活跃在商业领域的商帮有：山西商帮、陕西商帮、山东商帮、福建商帮、徽州商帮、洞庭商帮、广东（珠三角和潮汕）商帮、江右商帮、龙游商帮、宁波商帮。

商帮在中国经济发展史上创造了辉煌的业绩，中国古代的茶马古道和丝绸之路，都是在商帮开辟下形成的著名商业通途。封建商帮的衰落也可以说是封建王朝发展的必然，在皇权至上的历史前提下，私权随时都有不虞之灾。因此，封建王朝以民营企业为主体的商帮，在那个时代中，从一出生便注定了他的结局。而商会便是新时代商帮文化的载体，商会文化是商帮文化的传承、革新的产物，这也是"商帮文化"与时俱进的体现。

商号与商帮文化承载了中国数千年的商业文化精髓，也是中国民营经济发展的重要支撑力量，商帮文化的繁荣与振兴是中华传统文化与现代商业文明的完美结合。本书介绍了古代著名的商人、商号与商帮，以期为读者进一步了解古代商业的发展提供一定的帮助。

目录

第一章 古代商业的产生

第一节 商业发展简史 …… 2
古代的物物交换 …… 2
西周的商业 …… 3
春秋战国商业的新发展 …… 4
城市商业与农村商业 …… 5
宋元的商业 …… 7
明清的商业 …… 9

第二节 商人与商业 …… 12
商人重利轻别离 …… 12
商人的起源 …… 18
先秦时代的商人 …… 20
秦汉魏晋南北朝的商人 …… 23
隋唐的商人 …… 24
宋元的商人 …… 25
明清的商人 …… 26

第三节 官商与儒商 …… 28
官营商业 …… 28

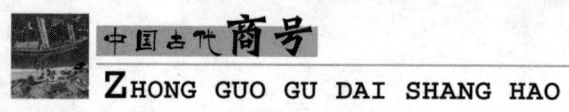

商人做官 ……………………………………………… 30
弃儒从商 ……………………………………………… 31
贾服儒行 ……………………………………………… 34
由贾入儒 ……………………………………………… 35

第二章 历代著名商人

第一节 职业商人的出现与发展 …………………… 40

姜子牙经商 …………………………………………… 40
管仲的商业政策 ……………………………………… 42
郑以商业为立国之本 ………………………………… 45
陶朱公的辉煌 ………………………………………… 47
大盐商猗顿 …………………………………………… 51
智勇仁强的白圭 ……………………………………… 51
大冶铁主郭纵 ………………………………………… 53
大行商鄂君 …………………………………………… 55
大统一的赞助商 ……………………………………… 55
自由商人的形成 ……………………………………… 57

第二节 古代名商趣话 ……………………………… 59

重商奇才桑弘羊 ……………………………………… 59
远行的外贸专家 ……………………………………… 63
杂货商孙春阳 ………………………………………… 67
"乐善好施"的徽商鲍志道 …………………………… 69
财神爷——沈万三 …………………………………… 70
世界首富——伍秉鉴 ………………………………… 72
红顶商人——胡雪岩 ………………………………… 73
清代皇商范毓馪 ……………………………………… 76

第三章　古代商团组织与商帮商会

第一节　商帮 …… 82
　　商帮的出现 …… 82
　　商帮的特征 …… 83

第二节　会馆 …… 86
　　会馆的出现 …… 86
　　会馆的发展情况 …… 87
　　会馆的建立 …… 88
　　会馆的管理与活动 …… 90
　　会馆的性质 …… 91

第三节　公所 …… 93
　　公所的出现 …… 93
　　公所的职能 …… 94

第四节　行会 …… 95
　　行会的出现 …… 95
　　行会的主要作用 …… 97
　　行会的管理职能 …… 98

第五节　商会 …… 99
　　商会的出现 …… 99
　　商会的组织与管理 …… 100

第四章　古代著名的商帮与商团

第一节　北方著名的商帮商号 …… 106
　　"汇通天下"的晋商 …… 106

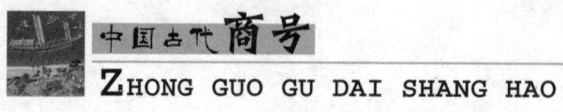

独霸西部的陕西商帮 ··· 109

声名显赫的山东商帮 ··· 111

第二节　南方著名的商帮商号 ·· 115

"无徽不成镇"的徽州商帮 ·· 115

手段高明的龙游商帮 ··· 118

敢闯天下的福建商帮 ··· 119

精明能干的宁波商帮 ··· 121

势力庞大的广东商帮 ··· 124

第五章　古代著名商号与老字号

第一节　京城著名老字号与商号 ·· 128

吴裕泰茶庄 ·· 128

张一元茶庄 ·· 129

全聚德烤鸭店 ·· 131

正阳楼饭庄 ·· 133

都一处烧麦馆 ·· 137

砂锅居 ·· 138

同仁堂药店 ·· 139

鹤年堂药店 ·· 142

六必居酱园 ·· 144

盛锡福帽店 ·· 147

内联陞鞋店 ·· 149

牛栏山二锅头 ·· 150

第二节　其他著名老字号与商号 ·· 152

果仁张 ·· 152

狗不理 ·· 154

楼外楼 ·· 155
老鼎丰 ·· 157
张小泉 ·· 160

第六章　古代商人的社会生活

第一节　商人的社会活动 ·· 166
修路、筑桥、兴水利 ·· 166
建宗祠、办义学、开设书院 ·· 168

第二节　商人宗族与家庭生活 ·· 170
商人的宗族势力 ·· 170
商人的婚姻与家庭 ·· 175
历代商人的奢靡风气 ·· 179

参考书目 ·· 182

第一章

古代商业的产生

在商品经济相当发达的今天，提到商业，大家无不熟悉。商业到底如何产生？又如何发展？不同时期有什么不同的特点？这个历史过程却有很多复杂的内容。因此，要了解其中的情形，必须先从商人和商业的出现及成长谈起。

第一节
商业发展简史

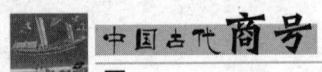

古代的物物交换

当生产力到达一定水平后,社会就会出现不同的分工,有了剩余生产物时,便形成了商业。一开始只是在萌芽状态,生产者之间进行直接的物物交换,后来才发展为钱物的交换形式——真正的商业。

最早的物物交换产生于原始社会。距今六七千年前,在河南、甘肃、陕西这些属于早期仰韶文化的村落遗址中,人们发现了被制作成装饰品的原产于沿海的海贝,这也就是从外地交换而来的直接物证。当时只是带有偶然性的交换。在距今5000年前的原始社会晚期,出现了第一次社会大分工,畜牧业和种植业分工,手工业(制陶、红铜)也相继和农业分离,交换进行的空间进一步扩大。《易·系辞下》中写道:"神农氏作……日中为市,致天下之民,聚天下之货,交易而退,各得其所。"意思就是说交换在此时已经较为常见,并且有了比较固定的时间与场所。古代文献中还有"因井为市"的记载,意思是说交易的场所经常设置在水井旁,这不仅为人们清洗货物提供了方便,也为人畜饮水提供了便利。因而后世经常以"市井"连称。

最先进行的物物交换,大多发生在生产门类与自然条件不同而拥有不同产品的氏族和部落之间,由氏族与部落首领作为代表,对外进行物物交换。舜作为虞氏部落的首领,就十分精通于货物交换活动。《史记·五帝本纪》中说舜曾"作什器于寿丘(今山东曲阜),就时于负夏(今河南濮阳附近)"。"就时"的意思是说根据季节变化进行不同的交易。《尸子》中又说舜"顿丘买贵,于是贩于顿丘;传虚卖贱,于是债于传虚"。其中的"顿丘"在今河南

浚县,"传虚"在今天的山西运城。顿丘缺少这些物品,恰好传虚生产,因而能卖上好价钱,舜就在这里出售人们日常所需的物品——主要是舜部落的特产,有上好的陶器,还有其他"什器";而传虚盛产的某些货物,在传虚当地贩卖便非常便宜,舜就会用赊购方式从那里引进当地特产卖往顿丘。舜利用两地物品之间的价差,从中获取利益。为了掌握河东的盐池,舜在当上部落首领之后,首先就是将政治中心往临近盐池的蒲坂迁移——今天的蒲坂城中还有舜庙。舜在位时更是花费很大力气发展食盐生产。相传舜曾制作五弦琴,边弹琴边唱:"南风之薰兮,可以解吾民之愠兮"(愠,愁闷);南风之时兮,可以阜吾民之财兮。"(《食货典·盐法》)夏季薰风及时从南方而来,池盐就会自然结晶,部落的财富就会与日俱增。

大禹治理洪水时,曾经想尽办法在各地区间调配粮食,通过交换粮食来解决洪灾后人民的生活问题。《尚书》记载禹所说的"懋迁有无,化居,烝民乃粒",也即是就此事而言。懋迁即贸易;化居,"交易其所居积",也就是拿自己拥有的,和自己所需产品的持有者进行交换,"调有余相给";后世称做生意为"懋迁有无",就是来源于此。

西周的商业

西周时,商业被列为"九职"之一,目的是到各地搜寻奇珍异宝,事实上还是为统治阶级服务,市场上的主要商品有奴隶、牛马、珍宝等。奴隶制国家对市场有一套自己的管理制度,其中规定体现贵族地位等级与权威的礼器与兵器不准在市场上出售或买卖;为了避免有失身份,贵族买东西通常交给手下的管事以及仆役等去办,自己不能够进入市区。市场设专职官吏——"司市"来进行管理,下面分设有:分区管理、辨别货物真假的"胥师",掌管物价的"贾师",维持秩序的"司虣",稽查盗贼的"司稽",验证"质剂"(契约)并管理度量衡的"质人",征收商税的"廛人"等。《周礼》一书中对此有非常翔实的记载。官府管理市场是为了使交易更加规范,防止偷抢欺诈等事件的发生,维护社会秩序,保证物价稳定,更好地满足统治阶级对"各种物品"的需求。同时,他们在保证度量衡公平的情况下,还要保证货物的质量和规格,这对普通消费者而言也有好处。这套做法一直为后世所效仿,影响极为深远。

西周时期,人们需要铸造礼器、兵器、农器、农具、工具以及货币,所以需

西周货币：布

要大量的原材料铜。因此，铜料成为当时最迫切需求的物品。

当时，铜锡的交易或入贡一向是与南方荆扬、淮夷一带物资交流的主要商品。周昭王时，楚国为了反周，将南方各个方国部落联合在一起讨伐周，昭王亲自率领军队讨伐楚国。不幸的是，周昭王中了楚人奸计，惨死在江上，落得个全军覆没的悲惨结局。这件事在经济上和争夺铜的资源密切相关，由此也可以看出铜在交易中所占的重要地位。统治者对可以当作贵重饰物、兼充"上币"的美玉也非常感兴趣。周穆王时犬戎的势力非常强大，使周朝与西北方国部落的来往受到阻碍。于是穆王西征犬戎，再次打通了大西北的道路，最远到达今天的新疆及中亚地带。据说"载贝万朋"，购买昆仑（今和田、叶尔羌一带）的玉石，使中原与西方的通商关系得到很大的改善与发展。

春秋战国商业的新发展

春秋后期以来，随着铁制农具的推广，牛力垦种的广泛运用，耕作技术的有效改进，水利灌溉的大力发展，农业生产力获得空前发展。与此同时，农业劳动者也从奴隶转为农奴，再从农奴转变为个体小农，生产积极性同样与日俱增。随着生产力的日益增长，古人拥有更多的剩余产品，因而他们便以物物交换的方式换回自己所需要的生活和生产资料。在个体农民出现的同时，许多手工业奴隶也获得了解放，成为独立的手工业者。他们的产品更是以出售为目的，只有投入市场才可以换取生活必需品与生产所用的原料。与此同时，山泽之利陆续开放，青铜、冶铁、煮盐等主要手工业在很多地区很长时间内都划归私人经营，改变了过去手工业全部由官府垄断的局面。所有这些都有效促进了商品的交换，使市场的容量逐渐扩张起来。另外再加上城市的大力修建，交通更加便利，政治局面也日渐统一，使得物资的流通更加顺畅，商业的发展更是具备了空前的良好条件。

这一时期的商业发展，重点集中在统治阶级居住的城市中，城市与城市

之间的商品交换占据重要的位置。各国统治者所居住的都城，以及位于交通枢纽的货物集散地，都逐渐发展成了繁荣的城市。比如商业发展比较早的齐国都城临淄，早在春秋时期就已经呈现非常热闹的格局。相传相国晏婴的宅邸临近市区，商贩一天到晚叫卖声此起彼伏，因为行人过多而导致道路尘土飞扬。别人奉劝他搬个新家，而他认为在此购买东西非常便利而坚持居住下来。到了战国时期，临淄住户更是达到7万家之多，"其民无不吹竽鼓瑟，弹琴击筑，斗鸡走狗，六博蹋鞠者。临菑之涂，车毂击，人肩摩，连衽成帷，举袂成幕，挥汗成雨。家殷人足，志高气扬"。（《史记·苏秦列传》）尽管是文学夸张之词，然而也可以想象临淄的繁华程度。像临淄那样或者稍逊于临淄的城市，战国时超过十几个，这些城市的商业都非常活跃。楚国的都城郢（今湖北江陵），城内人们摩肩接踵，有"朝衣鲜而暮衣敝"的说法。就连后起的秦国都城咸阳，也是"四方辐凑并至而会"，城市商业已经颇具规模了。

城市商业与农村商业

城市繁荣，最重要的标志就是商业的繁荣。

西汉时期，全国共划分为6大商业城市：都城长安是国内商业中心，也是同西域各国通商的中心；临淄是齐鲁地区的大都会、商业中心以及纺织业中心，人口比长安足足多了10万户；河南地区的洛阳一向有经商传统；河东与河内地区最大的商业中心是邯郸，有"富冠海内"之称；南阳的冶铁业极为发达，从业者与商人居多；成都是巴蜀一带盐、铁、布等物品运出的咽喉要道。

除此6大城市，还有十几个中等城市。从东汉魏晋南北朝时期，到长安、洛阳迭有废兴，直到隋唐时期长安与洛阳才又重现繁荣景象，分别成为全国的首都与陪都。唐代京兆郡（也就是长安地区）一共拥有36万多住户，人口是东汉时期的西京长安的两倍多，是最大的商业与对西域各国贸易的中心。京杭大运河开通

四方商贾云集

后，东都洛阳日益发展成漕船集散地以及南北物资交流的重要场所。"商贾贸易车马填塞于市"，可见商业贸易十分活跃。唐代前期，北方有所谓"六雄""十望"的称谓，哪些城市并没有具体指出，但运河边上的汴州（开封），"舟车辐辏、人庶浩繁"，相传汴州是"六雄"城市之一。在北方商业占据全国领先地位的前提下，南方商业城市也获得了飞速的发展，比如扬州、益州（成都）、楚州、苏州、鄂州（武昌）、升州（南京）、杭州、越州（绍兴）、广州等商业发展势头更为迅猛，远非往日所能相比。唐代后期，伴随着四方商贾云集，南方经济得到进一步开发，10万户左右的州郡在南方多了起来。像是苏、杭二州元和（806—820年）时户数就高达10万，分别比开元（713—741年）时增加25%与近50%。特别值得一提的是扬州，已经上升为全国第一大商业城市，"商贾如织""富庶甲天下"。因为漕运所经，江淮荆湖岭南物产在扬州集散。盐铁转运使治所的驻扎使手工业原本就非常发达的扬州很快成为海盐贸易的中心，因而其商业发展非常快，"舟车日夜灌输京师，居天下之十七""扬一益二"之誉绝非空穴来风。南方城市商业的迅速发展，从一个方面反映了中国经济重心逐渐向南迁移的历史过程。

古代城市，一直实行坊（住宅区）市（商业区）分设制度，历经汉唐仍然一直保持着。西汉时期长安有9个市，6个市在道西，称为西市；3个市在道东，称为东市。各市市内"市楼皆重层"，作为市官（时称"市令"）办公的地方，以"察商贾货物买卖"，上面插旗，所以又叫作"旗亭楼"。城市四周设置的围墙将住宅区（汉称里）隔离开来，所有商贩只被允许在市内进行各种交易。市门有人把守，按时开闭。为了方便顾客购买与方便官府检查，市内的店铺都依照商品种类有次序地一一排列。经营同类商品的商店，一家挨着一家，各自排成行列，称为"列""肆""次""列肆""市肆""市列"。同一行列内称为一肆，一肆内包括多家店铺的含义。即使是小贩也要分类排列，坐着摆摊。长安西市有"柳市"，即贩卖柳条编造物的市列；东市有"酒市"，即贩酒的市列。各列肆中间的人行道称为"隧"。班固在《两都赋》中所写的"九市开场，货别隧分，人不得顾，车不得旋"，正是指长安市内依照商品分列为肆、买卖拥挤的情景。市列内的房舍铺席都由官府一一设置，只要是利用这些设施，在市里经营的商人都需要向官府登记，列入"市籍"，从而交纳"市租"。其他大中型城市也与长安一样设有"市"，宛市、洛阳市、临淄市、成都市、吴郡市、平阳市等。县城里一般也会设有"市"，不过规模

很小，通常隔几天才开一次市。驻军之所也设有"军市"。像临淄市等商业发达的城市，年收市租高达千金之巨，这些市租收入全部归皇帝或封君所有。

宋元的商业

　　宋朝与元朝处于中国封建社会的中期。社会经济发展尽管遭遇曲折，总体还是呈现着上升趋势，商业也有很大的发展，从而走进一个新的阶段。已经有将近3000年历史的商业，到了此时不断地改头换面，在贩运贸易、城乡商业、市场形制等各个方面都有很多新的变化，与封建社会前期相比，表现出很多不同的特点。宋代的商业是中国历史上商业的第二次飞跃，据《梦溪笔谈》分析，全国一年城乡商税一共收入多达1975万贯。此外，酒税以及卖酒收入有1710万贯（张方平计算）；卖茶收入有64.9万贯，这还不包括非属商业收入的、园户交纳的茶税44万贯；中央掌握的销盐收入达715万贯。除此之外，从对外贸易中所得收入一年也有53万余贯。以上五项合计一共高达4600余万贯，这些来自商业方面的收入要占据整个中央财政收入的1/3，商业收入占据货币（缗钱）收入的绝大部分。而在唐宣宗大中时，全一年的榷酒收入仅仅为82万贯，盐利278万贯，茶税不过才将近百万贯；商税收入更是"入不敷出"，一直到了宋代，这些税收数字猛然大增，这当然属于商业发展的功劳。

　　正因为商业获得了发展，市场容量进一步扩大，因而北宋中叶每年铸钱的数量尽管超过盛唐十几倍，铜钱还是不够用，有些地区甚至使用铁钱，白银也更多地作为支付工具参与流通。此后不久还创行了世界上最早的纸币——交子。

　　北宋时期，最初的商税征收规定，免收细碎物品商税，其间还多次下发减税诏收，充分实行了"恤商"政策。然而到北宋末期蔡京当政时，商税日趋严苛加重，山区人民"所赖以为市，漆、楮、竹、木耳，又悉科取，无锱铢遗"。原来还较为合理的盐、酒、茶专卖制度，在蔡京手里也变成了敛财的工具，严酷地苛剥商民，商业发展受到严重的桎梏。不久金人南下，这个腐朽的政权就很快覆灭了。

知识链接

古代商号用字歌

我国古代多用吉祥喜庆、和谐的字眼来为老字号的商铺命名，像是元、恒、亨等，体现了我国传统人文思想。

清代学者朱寿彭总结说道：旧时店铺名要体现数量很多，就用万、元、丰；如果想要体现事业持久就用长、恒、久；想要体现规模很大就用元、泰、洪；想要体现万事吉利就用瑞、祥、福；想要体现发展顺利就用亨、和、协；想要体现公平信义就用信、义、仁；想要体现生意兴隆就用隆、昌、茂。

旧时民间还广为流传一首商号用字歌：

顺裕兴隆瑞永昌　元亨万利复丰祥
春和茂盛同乾德　谦吉公仁协鼎光
聚益中通全信义　久恒大美庆安康
新泰正合生成广　润发洪源福厚长

我国一些老字号名称也就是取自上述商号用字歌，像是"全聚德""正广和""正兴德""祥泰义""同仁堂""恒源祥""瑞蚨祥""允丰正""谦祥益""亨达利"，等等。

宋代用极柔韧的纸做铠甲

宋朝时期，由于城市工商业人口急剧增长，形成的经济作物区日益扩大，粮食在市场上很快占据更为重要的位置。南宋都城临安除了那些有租米禄米收入的地主官僚外，还有十六七万人之多的升米斗小民是半勉强度日，每天需要供应大米三四千石。当时有句谚语："杭州人一天吃木头三十丈"，意思是家家舂米的木槌合起来每天要磨短三十丈这么多。宋代产粮区主要集中在东南各路，

第一章 古代商业的产生

尤其以两浙路的苏、常、湖、秀为重心,因而素有"苏常熟,天下足"的说法,自汉代以来"千里不贩粟"的传统观念已经被打破了。人民在日常生活中对猪、羊等肉食品的需求在市场上占据的份额逐渐增大。北宋时期的汴京,每天清晨各地运来的猪从南薰门入京,一直持续到晚上,人们还络绎不绝。

宋代时期,纸作为书写的重要载体在当时也作为主要商品,随着需要的增长,其产量与品种都更加多种多样。由于其质地精良,除了印刷书写外,还可另作他用,市场上不时有"纸衣""纸帐""楮冠"等新奇的商品出现。

明清的商业

明朝初年,政府一直忙于恢复元代留下的社会经济的烂摊子,直到经济有所恢复和发展,商业才好不容易走出低谷,再登高峰。清中叶社会经济得到进一步发展,商业随之进入一个更新更高的阶段,出现了第三次飞跃。鸦片战争失败后,中国一步步地沦为半殖民地半封建社会,商业同时也蒙上了半殖民地半封建的色彩。

从明前期到宣德(1426—1435年)、景泰(1450—1457年)时,商品经济曾经一度相当繁盛。然而自此之后,随着统治者越来越严重的贪欲,商税逐渐加重,并增"市肆门摊税"(营业税),设立钞关、征船料税,又加上工关税,恢复了竹木抽分,重新对外国货物及本国土货征收实物税。"和买"再次变成低价抑买。金花银(明代税粮折账的银两)每石米才折交银一两,为以前的4倍。茶、盐等法逐渐混乱不堪,正德(1505—1521年)时更是在京城内外开设"皇店",和民间商业争利。其中甚至有聚娼寻乐的"花酒铺",根本不顾及礼教世风。社会经济再度走下坡路,阶级矛盾日趋激化,农民起义全面爆发,最终震撼了腐朽的封建传统商业模式。自此,统治者才决定考虑革除一些弊政,自嘉靖(1522—1566年)

明清最繁华的商业街

时开始，明朝历史开始走下坡路。

  明朝后期，统制者所进行的最好的改进举措包括：废除工役制、实行银行役以及推行一条鞭法。以银代役制度从弘治（1488—1505年）时开始施行，然而当时还不是非常普遍。嘉靖八年（1529年）正式完全废除轮班制，一律改纳"班匠银"；后由政府出钱雇人充役，纳银数有所减轻。自此以后，广大工匠的技术与产品投入市场，发展并提高了民间的私营手工业，推进了一度遭受打压的商品经济的继续发展。在全国推行的一条鞭是在万历九年（1581年），时任丞相的张居正提出的，其内容就是在清丈土地的基础上将原先依照户、丁派役的办法改为按丁、粮（田赋税粮）派役，然后和其他杂税合编在一起，计亩或计丁全部折换成银两上交官府。在大多数农业地区，因为丁役部分归入田赋，使无地或少地的农民减轻了生活负担。农民为了多得货币用来缴纳"鞭银"，就按照市场需求，因地制宜，种植那些更值钱的经济作物，农产品商品化的倾向增长迅速。明后期商品经济取得更大的发展，与这两种制度的实施有很大关系。

  明末清初之际，由于连年战争，导致全国上下到处一片惨淡的景象。接着清政府为了防范郑成功的抗清势力，更是实行了严厉的海禁政策，制订了沿海无人区的迁界措施。清政府担心人民力量会对清廷统治造成威胁，便对矿山严密封禁。东南城市更是限制丝织业的发展，监视织工与市民的活动。所有这些举措都严重制约了商业的恢复与发展。更不可忽视的是清代用白银作为货币，铜钱作为辅币，白银因而不断流入燕京与边外以及富商大贾达官污吏之手，很大部分被这些人窖藏起来。货币无形中减少流通，而征税还是依旧用银，导致流通中货币严重短缺，物价飞涨，市场缺乏活力，交易停滞，这更给商业的发展带来极大的消极影响。

  比宋代更进一步的是，明清时期的农产品商品化程度获得了很大的提高，其中最突出的是棉花种植面积得到迅速扩大。在明代，河南、山西、山东大部分土地都种上了棉花，黄道婆的家乡松江地区更是成为全国著名的棉花集中产区。清代产棉区又扩大到河北、湖北、湖南、江西、四川等地区。河北地区的冀州、深洲、赵州、定州等地，棉农数量远远多于普通农户。每年"新棉入市，远商翕集，肩摩踵错，居积者列肆以敛之，懋迁者牵车以赴之，村落趁墟之人莫不负孥纷如"。（乾隆御题《棉花图》）甘蔗在福建、广东、台湾地区获得普遍种植，在台湾是"蔗田万顷碧凄凄……一望茏葱路欲迷"，所产蔗糖最远销售到日本南洋。明万历时才在福建、广州一带种植的烟草，

到了清代已经推广到全国各地，福建产烟区种烟更是占大部分土地，南方的湘、桂，北方的陕、甘也都相继产烟。清代时期，柞蚕获得大量发展，后经山东向贵州、陕西等地传播。茶叶在18世纪出口大量增加后，其生产规模逐渐扩大，仅仅武夷山一地就年产几十万斤。商业因为农业商品性生产的发展，获得非常好的物质条件。

棉花、甘蔗、烟草、桑等经济作物的飞速发展，极大地抑制了粮田种植面积，导致这些经济作物集中产区的粮食不够自己日常使用，急需余粮区的接济；再加上城市工商业人口的激增，对粮食的需要量更多，以至于江南地区必须从两湖、江西、安徽等地运进粮食。俗谚说："湖广熟，天下足"，粮食产销路线的改变得到明确反映。清代时甚至从遥远的四川购置米粮，关外的粮食同样也需进关供应直隶、山东甚至浙江、福建地区。广东在清代时期也成了缺粮大省。广东地区所需要的大米主要取之于广西、湖南，台湾米则经过海路运销福建。

知识链接

赵盼儿风月救风尘

元代戏曲家关汉卿的《赵盼儿风月救风尘》杂剧就塑造了典型的周舍这一薄情寡义的商人形象。

周同知的儿子周舍，不仅做着商业买卖，还是一个典型的不务正业、骗人感情的小人。他虚情假意地和妓女宋引章交好，不过是为了骗取宋引章的信任。沉浸其中的宋引章不理会同行姐妹赵盼儿的劝阻，毅然决然地就将自己嫁给了周舍。没有想到周舍将宋引章一娶回家立马凶相毕露，对宋引章多次大打出手，百般虐待。最后幸亏有赵盼儿设计相救，才使宋引章脱离苦海，与重情义的安秀实秀才成就了美满姻缘。该剧反映了大多数人对商人薄情看法的曲折反映，周舍的这一小人形象就是在人们对商贾不满的感情长期积累下所凝聚的。

第二节
商人与商业

商人重利轻别离

在人们的意识中，商人似乎与"利"有着千丝万缕的联系，见利忘义、唯利是图、贪得无厌、欲壑难填几乎成了古今中外一切商人的本质特征。唐代大诗人白居易的长诗《琵琶行》，千百年来脍炙人口，其中描写商人的有这么几句：

> 门前冷落鞍马稀，老大嫁作商人妇。
> 商人重利轻别离，前月浮梁买茶去。
> 去来江口守空船，绕船月明江水寒。

在古代文人的心目中，商人为了追逐财富，少情寡义，不惜抛妻离子、离乡背井外出经商，商人与金钱几乎成了千古同义语。"商人重利轻别离"，概括了商人两个较为鲜明的性格特征：

1. 重利的商人

纵观中外古今历史演变过程，对于财富的追逐并不是商人所特有的品质。《史记·货殖列传》说道："天下熙熙，皆为利来，天下攘攘，皆为利往。"不过，对于金钱的追逐与占有欲在商人身上体现得更为明显罢了。晋人鲁褒曾写过一篇著名的

外圆内方的古钱币

《钱神论》，穷形尽相地描绘出金钱具有无边威力的特性：

钱之为体，有乾有坤。内则其方，外则其圆。其积如山，其流如川。动静有时，行藏有节。市井便易，不患耗折。难朽象寿，不匮象道。故能长久，为世神宝。亲爱如兄，字曰孔方。失之则贫弱，得之则富强。

后人把钱称为"孔方兄"，就是起源于这篇文章。鲁褒的议论有感于时势而发，他注意到了金钱"无位而尊，无势而热"以及"有钱可使鬼，而况于人乎"的丑恶面，而对金钱在社会发展中使"市井便易"的属性了解浅薄，存在个人偏见，同样，对于"商人重利"的事实，我们也应有所分析，才会对这一问题作出更加准确的回答。

在"商人重利"的影响下，普通的中小商人在封建社会中的地位非常低下，并屡屡受到封建统治者的限制。但由于富商手中经济实力雄厚，所以受到社会各阶层的艳羡与垂涎。社会中的富商大贾有着更为雄厚的资本，他们的生活也明显要高于社会其他阶层，他们为了保持自身的经济地位，极力勾结官僚权贵甚至最高统治者作为庇护是必然的趋势，而贵族官僚又转而效法大商人，变本加厉。晋人江统说："秦汉以来，风俗转薄，莫不殖园圃之田，而收市井之利，渐冉相放，莫以为耻。"（《晋书·江统传》）某些官僚贵族过着相比富商巨贾更为腐败的生活，夸奇斗富甚至成为他们日常生活中的消遣或游戏。

知识链接

石王斗富与王戎俭啬

晋代时期，大贵族石崇与家有颇多资产的王恺总是相互夸耀，"并穷绮丽"。晋武帝是王恺的外甥，在这场斗富的角逐中自然积极支持王恺，他特意送给王恺一枚高达二尺的珊瑚树。王恺扬扬得意地向石崇显耀，没想到石崇却不以为然地用铁如意击碎了它，这一行为激起了王恺的愤怒，"声色甚厉"。石崇却毫无惶恐之色，紧接着向王恺展示了他自家所藏的珊瑚树，只见高达三四尺的就有六七枚之多，其他2尺左右如王恺者就更加数不胜数了。这次竞赛最终以石崇的胜利告终。

在贵族官僚中,有一部分人又从其他方面效法大商人,他们吝啬成性,锱铢必较,甚至连亲女儿也不相让。晋代的司徒王戎"既贵且富",是当时洛阳首屈一指的富豪,然而每天晚上都要与他夫人一起用牙筹算计钱财,就恐怕赚取的钱财太少。嫁女时,他曾贷钱数万给女儿,女儿归家时,王戎就摆出一脸不高兴的样子,女儿深知父亲爱钱如命的品性,立马将钱奉还,这才使王戎的态度得以好转。更有甚者,王戎家有李树,果实非常鲜美,想卖掉赚钱,又担心别人得到优良的种子,索性不怕麻烦地将李子的核钻透,使它们再也无法发芽生长。《晋书·王戎传》说他"性好兴利,广收八方园田水碓,周遍天下,积实聚钱,不知纪极",使这个官僚拜金狂的丑恶嘴脸昭然若揭。商人重利被王戎之流发展到了极点,真可谓空前绝后了。

社会各阶层因为受到商人意识的侵蚀,导致社会风气日益颓靡。东晋时南方"人竞商贩,不为田业",极大地破坏了社会生产力。从社会发展的角度来考察,这当然属于消极的一面。

与此同时,富商大贾为了维护和发展他们的财富,以及提高自身的社会地位,常常用重金贿赂当权者,求得他们的庇护或者光耀自家门庭。这种情

浮华的夜宴

况一直到封建社会后期依旧非常流行。清初文学家王士稹《古夫子亭杂录》卷五记述了何采送诗的一段趣闻：巨商某者，其母大寿，走厚币请故相至金陵游山，主于其家。是日宾客方群集上寿，第五（何采字）送诗曰："朝贩纲盐暮沸笙，满堂宾客尽鸡鸣。可怜丞相张苍老，也拜高台寡妇清。金陵人竞传之。"

某巨商不惜厚币重金请一达官显贵为其母祝寿，无非是寻求靠山，炫耀自己，以求得日后获取更大的利益。这位故相"屈尊"就范，不过是禁受不住金钱的诱惑。行贿与受贿二者都是围绕着一个"利"字，难怪会受到文人何采的揶揄和嘲讽。

"商人重利"的影响贯穿封建社会始终，最后发展成渗透到社会的各个领域。

2. 商人"轻别离"

富商大贾资本雄厚，又有良田美舍，他们中的许多人奉行"以末致财，用本守之"，就是指亦商亦农的方针，一边经商，一边又兼并土地，靠地租守业，再传给自己的子孙，逍遥自在地享受财富。韩非子《五蠹》引当时谚语说："长袖善舞，多钱善贾。"财富的不断积累更方便这些人经商左右逢源，游刃有余。然而，其中小商人的处境就与他们大不相同了，尤其是一些长途贩运商，他们的资本有限，必须长期在外经营，才能赚到钱财。这种情况在唐代诗歌中多有反映，李白的《长干行》二首就是描写思妇怀念经商在外的丈夫的篇章，最后四句说："自怜十五余，颜色桃花红。那作商人妇，愁水复愁风。"中唐诗人李益的《江南曲》，这样描写商人之妇的怨恨心情：

嫁得瞿塘贾，朝朝误妾期。早知潮有信，嫁与弄潮儿。

再加上唐诗本身就对后人影响极大，特别是白居易《琵琶行》中"商人重利

瓷器上的"卖油郎独占花魁"

轻别离"一句,对人们的心理冲击更大。久而久之,人们心目中的商人就都成了薄情寡义的象征,一提起商人,人们就会有意识地避而远之。商人形象在唐以后的文学作品中,往往成为人们在感情上不断鞭挞与嘲讽的对象。

封建社会中的商人,为了生计的需要必须四处奔波,长年在外很容易沾染上宿娼嫖妓的恶习,他们多年不回家中,抛妻离子的行为,是人们对他们寡情少义看法的一个基础。

当然,作为反映人们情感的文学作品这一艺术形式,也有许多歌颂商人有情有义的正面形象。这些作品准确地把握了封建社会后期的市民心态,有一定的现实基础。明代的拟话本小说集《醒世恒言》中《卖油郎独占花魁》一篇,描写的就是一个小商贩秦重忠于爱情的感人故事。

知识链接

太平猴魁茶叶的古代商号

清代至民国十八年(1929年),太平县茶叶均由茶号、茶庄、茶行(代客买卖,收取佣金的中间商),或地方银行物产运销处设庄收购。山客和茶贩倚仗着从茶号、茶行贷出的钱财,利用大秤和压价等无耻手段收购并贩卖毛茶,从中牟取暴利。山客向茶农零星收购的毛茶,经茶行转卖给茶号;茶贩收购的毛茶,有的卖给茶行,有的直接运销茶号。茶号一般设门庄1个,分庄多个,集收购、加工、运销于一体。

清嘉庆(1796—1820年)年间,三口有36家茶庄;道光(1821—1850年)时,汤口、芳村、冈村也有20余家茶行;同治三年(1864年)后,桃林(今新明乡招桃村)、湘潭、三门、龙门等地均有本地茶商设茶号、茶庄收购毛茶,雇工精制茶叶出售。每年春茶上市时,太平旅外茶商、外埠茶商纷纷来桃林、三门、三口、龙门、乌石等地设庄(摊)收购毛茶,在加工"洋装"绿茶上万担,外运销售。三门、湘潭一带茶商几乎每家在当地雇有商船,瑶里郑守庆的船队拥有20多条船只,与次子郑子象经营运输

第一章 古代商业的产生

兼营茶叶,后由流动营销日益转为设门点经营。清朝末年到民国初年,"太平猴魁"在长江沿岸各商埠十分出名;"黄山毛峰"畅销京、津、鲁以及东北三省。各地茶商纷纷前往区境收购。设在龙门和桃林、三门的茶庄多达30余家;桃林有13家茶庄,年收购量1.14万件(每件50公斤);汤口及冈村有茶庄十六七家,年收5000—6000担(合250—300吨)。民国二十六年(1937年)后,沿江城市被日军占领,茶叶滞销,外地来太平收茶的茶商也急剧减少。民国三十八年,外地来桃林收茶的茶庄仅3家,年收毛茶1吨有余。

清乾隆至道光(1736—1850年)年间,区境旅外茶商十分活跃,遍及长江沿岸汉口、安庆、芜湖、南京、镇江、扬州、上海等商埠,以致远及京、津、鲁等地。同治三年至民国二十六年(1864—1937年)年间,区境旅外茶商开设茶庄、茶号,有史料记载的有74家,只南京一地就占据了56家。其中湘潭瑶里人郑守庆先后在镇江、南京与其子郑子象、郑善之开设茶行4家;经营规模较大、较有知名度的有叶任庵。叶任庵不仅在家乡开设茶行,还相继在南京开设"三春"(长春、和春、同春)茶叶店;苏锡岱,永丰岭下人,曾任江宁(江苏南京)商会会长;太平县城内水关人方镜清在镇江、南京设有茶号茶庄多家,任镇江商会会长多年;新明三门人刘渭川在扬州营销茶叶多年,曾任扬州商会会长;陈良盎,又名耀伍,新明牛婆坑人,独资、合股开设茶庄多处;陈相坚,又名石生,新明牛婆坑人,南京陈源茂和广泰茶号业主,曾任南京茶业工会理事长;刘敬之,新明三门人,除在家乡开办"三门茶庄"外,在南京、扬州开设"刘人和老茶栈"。时有"太平县第一茶商"之称,曾被推举为南京茶业公会主席。1937年返乡闲居后,被推为太(平)石(台)泾(县)旌(德)4县茶叶出口联合会主任;郑兴周,新明周潭人,在南京设有"江南春"茶庄;程跃章,汤口村人,与山东"日照茶庄"、扬州"森泰茶庄"联营,经销黄山毛峰;程钟霞,汤口村人,在湖北沙市,省内安庆、巢湖等地独资开设茶庄;汤口芳村人谢成佑在北京地安门开设景泰隆茶庄,其兄在福州市包山区中腾路设景泰隆茶厂,制作茉莉花茶,运销北京。

商人队伍作为社会的一个阶层拥有极为复杂的内部构成。在中国奴隶社会以后，即春秋时代以后的历史中，到处都可以发现商人的足迹，他们的影响包括直接的和间接的，几乎无所不在，因而很难对他们作出准确的评价。如果说，文学作品中的商人形象虽有现实的依据，却不免文人的虚构和加工，并非历史上真正的商人，难以据之对"商人重利轻别离"作出准确的道德评价。历史上真正商人的丰富多彩性丝毫不比文学作品中的商人形象逊色，他们的存在对社会、政治、经济、文化都产生了极其深远的影响。

商人的起源

商人作为生产者与消费者的中介，是一个为卖而买的逐利阶层。纯粹的商人，本身并不从事生产，买来的物品也并不是满足自身的消费和直接需求。商人利用地区差价，从低价的地方买来商品，运送到缺乏这种商品的地方贵卖，从中牟取商业利润，赚得钱财用来满足自身的消费需要以及再经营的需要。商人的产生与人类交换活动的产生是紧密相关的。

人类在很早时期就有过交换活动的产生，远在原始社会前期，当社会生产力有所提高，生产的物品有所剩余时，交换行动就随之发生了。原始社会后期，随着社会生产力的不断提高，畜牧业与农业的分工、农业与手工业的分工，促使交换活动不断扩大，换言之，社会分工是构成商品经济的基础，也是商人产生的条件。人类早期的交换活动仅在氏族部落之间进行的，主要交易方式是以物易物，不需要交换的中介——商人。人类交换活动仅仅是商人产生的重要前提，交换可以在没有中介的情况下进行，但却是产生商人的温床。《易经·系辞下》有这样的记述：

包牺氏没，神农氏作，斫木为耜，揉木为耒，耒耨之利，以教天下，盖取诸益。日中为市，致天下之民，聚天下之货，交易而退，各得其所。

这里所说的大致是每天的正午时分，氏族部落之间就开始交易活动。他们将本部落的剩余物品拿到指定地点，以物易物地相互交换，各自得到所需的物品欣然而退。

交换时间与地点的确定，是交换活动扩大的结果，交换活动在氏族部落之间进行，氏族部落的首领往往直接参与交易。随着人类私有制的产生，氏族部落内的成员之间也开始有了交换活动，这反过来又加速了私有制的确立

第一章 古代商业的产生

和巩固。氏族内的一部分人（如首领）利用特权积累财富，从而产生了贫富差别，阶级由此产生。

在个人之间进行的以物易物交换活动中，因为很难确定物品的具体价值，就逐渐有了偶然充当一般等价物的产品，它们在物物交换中起着一种媒介作用，为货币——即为专门充当一般等价物的特殊商品的产生创造了条件。最初的货币是用什么充当的？目前没有定论，但贝曾充当过早期的货币则是真实存在的。在中国汉字中，凡与财富、价值相关的字，大都有贝，如"财、赎、贮、贵、贱、贸、买、卖"等字。

货币在商品交换中的出现，才致使商人获得在卖者与买者之间插足并参与到交换活动的机会。商人的出现，使生产者与消费者二者之间可以不必直接见面，人类的交换活动从直接变成了间接，商业也就产生了，商人与商业的产生有着某种同步的关系。

商人或称专门从事交换的人，在我国夏朝才逐渐产生，这是只有零星不多的商人。到商朝，商人才最终形成一种势力出现于历史舞台。

在商朝600余年的历史中，商品生产与交换相当发达，殷墟曾出土大量的文物，除玉器和贝以外，还有一些非中原地区所产的鱼骨、海蚌、大龟甲等，这显然是靠物物交换得来的。同时，商朝的手工业也很发达，分工渐趋细密，甲骨文中有关酿酒、青铜冶造、织帛、皮革、舟车等记载以及大量出土的商朝文物证实了这一点。手工业的发达必然促进商业的发展。《管子·国蓄》称春秋时的货币"以珠玉为上币，以黄金为中币，以刀布为下币"，而1958年在殷墟大司空村的考古挖掘中，已发现了一种仿海贝铸成的铜贝。金属货币的使用是商朝商品经济发达的一个标志。

商朝时期，奴隶主贵族是从事商业活动的主要力量，其余还包括一些小商小贩，颇具传奇色彩的人物姜太公吕望就曾是一个小商人。

商朝人经商之名在当时非常响亮，亡国之后，他们也愿意继续从事他们所熟知的商品交易。由于当时从事交易活动的人大多是商王朝的遗民，所以后世就把专门从事做买卖的中介称作商人了，这种称呼最初含有轻视之意，随着时间的推移，名称固定了下来，"商业""商贩""商品"等名词也由此派生出来。

除此之外，后世也称从事商业贸易的人为贾，或者商贾连称。《说文解字》云："贾，市也，曰坐卖售也。"后世一般认为行者为商，坐者为贾。

以上内容对商人起源及其名称的由来进行了大致的解说，接下来就要考

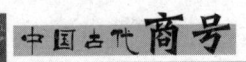

察一下商人的发展历史了。

知识链接

蒋兴哥重会珍珠衫

《喻世明言》中《蒋兴哥重会珍珠衫》一篇，主要叙述一位中等商人的婚姻爱情故事。

蒋兴哥自幼随父亲前往广东经商，父亲死后，他与王三巧成亲，二人相亲相爱，难舍难分，过了几年如胶似漆的甜蜜生活。后来，为了生活，蒋兴哥只好离开温柔贤惠的娇妻外出经商，王三巧只好在家独守空帷。王三巧最终经不住另一年轻商人陈商的勾引，违背了与兴哥的海誓山盟。此后兴哥巧遇陈商，发现自家传世之宝珍珠衫在陈商的手中，从而得知妻子出轨，一气之下回家休掉了妻子。王三巧被休后嫁吴进士为妾，兴哥闻知，旧情难忘，特送16箱衣物给她，洒泪而别。后来陈商在经商途中遇盗，资产荡尽，染病身亡，其妻平氏奔丧途中受骗，漂泊异乡，只得再嫁蒋兴哥。兴哥发现了平氏箱中的珍珠衫，才知道她原是陈商的妻子。兴哥在广东经商，因讼事牵连，又巧遇吴进士审案，吴进士得知了兴哥与王三巧原是夫妻的情由，大义归还了三巧，蒋兴哥不但娶了陈商的妻子，又找回了自己的原妻。如果将故事中宣扬的因果报应的思想丢开不谈，这篇小说对商人有着很高的认识价值。它热情地歌颂了商人蒋兴哥的情义，并且突破了宋代以来"饿死事小，失节事大"的封建贞操观念，反映了明代市民的先进意识。

先秦时代的商人

商业在商王朝兴起以后，到西周时期又有了更大的发展，这时的商业大多被贵族奴隶主所控制和支配，奴隶主不直接参与各种具体的商业贩运与交易活动，仅坐享其利，商品的产、运、销等环节均由工商奴隶承担。《国语·

晋语》有所谓"公食贡，大夫食邑，士食田，庶人食力，工商食官，皂隶食职"的说法，"工商食官"的意思是说工商奴隶从事的生产和商业活动是为官府服务的，因而也应该由官府提供给他们衣食等生活资料。这时，也有一部分平民参与商业经营，这一部分的平民就是最早的自由商人。此外，还有所谓作小买卖的贩夫贩妇。《周礼·地官·司市》："大市，日昃而市，百族为主；朝市，朝时而市，商贾为主，夕市，夕时而市，贩夫贩妇为主。"贵族、商贾与贩夫贩妇在一天之中的中午、清晨、傍晚三个时辰分别进行交易，表明了当时商业的兴隆。《礼记·月令》记仲秋之月，有："易关市，来商旅，纳货贿，以便民事。四方来集，远乡皆至，则财不匮，上无乏用，百事乃遂。"这些记载主要是有关收获季节中地区间热闹非凡的贸易往来景象。

　　周朝的商人中属于平民阶层的自由商人，开始并不占商业经营中的主导地位，原因是他们资金有限并且常常受到奴隶主的打压。春秋时期，铁制工具的使用，极大地提高了社会生产力，手工业也迅速发展起来，这对商业的发展起到了一定的促进作用，而发展中的商业活动又刺激商人更快地成长。这一时期的自由商人已经以崭新的面貌出现于历史舞台。《孟子·公孙丑下》说："古之为市也，以其所有易其所无者，有司治之耳。有贱丈夫焉，必求垄断而登之，以左右望，而罔市利。人皆以为贱，故从而征之。征商自此贱丈夫始矣。"这段话形象地道出了自由商人取代"工商食官"制度的过程，以及商税的产生诸问题。这些自由商人不但四处经商，他们中的一些大商人还兼有新兴地主阶级的身份，并开始企图左右政治。

　　春秋时期，郑国商人智犒秦师，救郑国于危难当中。这一现象表明，在那一时期，自由商人完全可以拥有与政治地位高的人等同的经济实力。自由商人是奴隶制度的破坏者，又是封建制度的促进者，但当封建制度一经确立，商人的活动又孕育着否定这一制度的因素。在社会中，商人阶层始终是最活跃的，他们的商业经营刺激了生产的发展，同时他们的思想意识也影响着社会的政治、经济、文化。在以后封建社会几千年的发展进程中，商人始终从正、反两个方面影响着社会。在金钱的威力

范蠡纪念馆

下，封建统治者、官僚地主或向他们施加压力，抑制他们的成长壮大，或与他们勾结起来，沆瀣一气，狼狈为奸，分得一杯剥削来的酒肴。

范蠡是历史上颇具传奇色彩的人物，传闻他在帮助越王勾践灭吴后，急流勇退，弃官从商，后来成为富甲一方的巨商大贾，时人称之为陶朱公。

孔子的学生子贡则弃学经商，终致大富，甚至有与诸侯分庭抗礼的能力。春秋时期，富商大贾结驷连骑，周旋于列国诸侯之间，各国的政治皆受其干预影响。这足以彰显出商人在社会急剧变革的时代拥有举足轻重的社会地位。富商大贾而外，中小商人主要以活跃经济的作用为主，对政治很少有发言权。他们的地位远不如富商大贾那样显赫，并受到一定的压迫和歧视。《孟子·万章下》说："在国曰市井之臣，在野曰草莽之臣，皆谓庶人。庶人不传质为臣，不敢见诸侯，礼也。"所谓"市井之臣""草莽之臣"，都是指居于城市或乡村的没有权力也没有地位的人，其中"市井之臣"包括大量的中小商人，他们属于庶人的地位，比富商大贾低得多，不能随便见到诸侯。

各诸侯国经过春秋时期的兼并战争，最后形成齐、楚、燕、韩、赵、魏、秦的七雄对峙局面，由此进入了战国时代。战国时代是封建制度确立的时代，生产力的发展带来了生产关系的变革，城市的发展带动了商品经济的活跃。这一时期的商人不远千里，"倍道兼行，夜以继日"地从事贩运商品的经营，并积累了丰富的经商经验，形成了可传之后代的商业理论。《战国策·赵策三》说："夫良商不与人争买卖之价，而谨司时，时贱而买，虽贵已贱矣；时贵而卖，虽贱已贵矣。"这是商人在长期经营中积累下的宝贵经验。《管子·轻重甲》所说"万乘之国必有万金之贾，千乘之国必有千金之贾"，商人在这一时期的势力不断加强，甚至有干预或左右国家政治发展的能力。吕不韦是这一时期著名的阳翟大贾，他家累千金，又巧妙地将"奇货可居"的商业经验运用于政治投机，因而确立了秦国的继承人，自己也登上秦国相国的宝位。其他较著名的商人如猗顿，本是"鲁之穷士"，以经营畜牧业和贩盐起家，成了大盐商。赵国的郭纵以冶铁起家，也成了"与王者埒富"的巨商。白圭也因从事农副产品的交易而致富。

势力不断增强的商人到了战国时期已经对许多新兴地主阶级构成了一定威胁。应对他们采取什么样的政策，给予他们怎样的地位等问题曾引起战国诸子的争论。秦国的商鞅变法以及"重农抑商"政策的提出，对后世产生了极为深远的影响。

战国末期，商业的繁荣与商人阶层的扩大，敦促着分裂割据局面的终结，

第一章 古代商业的产生

呼唤着大一统的封建王朝的建立。公元前221年，中国历史上首个中央集权的封建帝国秦朝终于建成了。秦朝建立以后，车同轨、书同文以及度量衡的统一对于商品经济的发展起了非常大的促进作用。商人在漫长的封建社会中的地位随着封建王朝的更迭，时有变化，但商人阶层依然对社会发展起到不容忽视的作用。他们对政治的干预也许不像春秋战国时期那样直接和明显了，然而作为一个充满活力的阶层，对于政治的间接和隐蔽的作用却始终没有减弱，反过来说，商人对于经济、文化的影响则越来越大。

秦汉魏晋南北朝的商人

秦朝对于商业总的来说是采取抑制政策的，秦初迁徙六国豪富到咸阳、巴蜀各地，既有经济方面的原因，也有政治方面的忧虑。秦朝对于中小商人进行严厉打击，《史记·秦始皇本纪》载："三十三年，发诸尝逋亡人、赘婿、贾人略取陆梁地，为桂林、象郡、南海，以适遣戍。"让秦朝极力拉拢和给予优礼政策的往往是那些富商大贾。例如以畜牧业起家的大商人乌氏倮，秦始皇给以"封君"的待遇，可以和朝廷中的达官显贵们一起入朝谒见皇帝。对于巴蜀的一位以开朱砂矿起家的女富商寡妇清，秦始皇为她建筑了女怀清台，认为她"能守其业，用财自卫，不见侵犯"，赐以"贞妇"的美名。秦朝对待不同层次商人的两种截然不同的政策，表明了社会生产力亟待恢复的迫切性，以便能使国家长治久安。打击中小商人，是重本抑末（即重农抑商）政策的具体体现，这是控制社会分工的一项措施，用来防止农业人口过多地流向商品经营，从而忽视对粮食的生产。在生产力相对低下的农业社会，重农抑商政策的实施是有一定道理的。

汉承秦制，继续采取抑商政策。《史记·平准书》记述汉初的一项政策："天下已平，高祖乃令贾人不得衣丝乘车，重租税以困辱之。孝惠、高后时，为天下初定，复弛商贾之律，然市井子孙亦不得仕宦为吏。"西汉初年对商人的抑制政策并没有打击到大商人势力，富商

繁荣的商品交易

大贾与封建地主勾结起来，兼并土地，导致社会矛盾更加尖锐，出现了"富者田连阡陌，贫者亡立锥之地"的局面。（《汉书·食货志上》）晁错《论贵粟疏》说："今法律贱商人，商人已富贵矣；尊农夫，农夫已贫贱矣！故俗之所贵，主之所贱也；吏之所卑，法之所尊也。上下相反，好恶乖迕，而欲国富法力，不可得也。"尽管法律规定非常严明，但是在金钱的威力面前就显得苍白无力了，人们竞相趋利的事实表明汉初重农抑商政策的必要。

到了汉武帝时期，统制者依然对商人采取抑制政策，还加上一项盐铁专卖政策。东汉时，政治腐败，富商大贾与官僚、地主势力勾结严重，促使社会贫富悬殊，地方割据势力强大，最终导致了东汉的灭亡。中国在三国、两晋、南北朝时期基本上处于四分五裂的状态，在这期间，封建士大夫阶层广泛受到商人意识影响，两者或相互交融，或在某种程度上互相排斥，构成了中国文化的纷繁色彩。官僚地主经商，甚至皇帝贵族也纷纷以经商为乐，上下交相言利，以搜刮民脂民膏为能事，致使政治极度腐败，民生凋敝，生产力遭到极大的破坏。这时的商人除经营商品买卖以外，并大放高利贷。本来以清静为宗不言利的寺院竟也搞起土地与商业的经营，法令大坏，买官鬻爵成了司空见惯的事情。

隋唐的商人

公元 6 世纪，隋文帝统一中国以后，采取了一系列恢复经济的政策，曾使市场一度繁荣，商业一时获得平稳发展。大运河的开凿，客观上极大地便利了南北的商品交流。从汉代发展起来的中外交流，到了这一时期达到鼎盛。《隋书·高祖纪下》记载："开皇十六年（596 年）六月甲午，制工商不得仕进。"这说明商人势力的膨胀，又到了非用政令禁止不可的地步。隋朝虽然和秦朝一样是一个短暂的朝代，却为唐朝的兴盛打下了基础。

唐朝时期，其首都长安是当时国内外贸易的中心，主要有东、西市两个市场。全国县以上的城镇几乎都有市，乡村的定期集市——草市也相当兴旺，东都洛阳成为仅次于长安的商业城市。在唐朝，邸店及牙郎（牙人）大量出现，并且有了商人的同行组织"行"。邸店，《唐律疏义》第四卷说："邸店者，居物之处为邸，沽卖之所为店。"据此可知，邸店是类似货栈一类的场所，它除供客商住宿及堆放货物外，也从事居间性的商业活动。牙郎即商业贸易中的居间说合人，他们也是商人，但牙郎所中介的买卖双方多是商人。邸店和牙郎的出现，反映了唐朝商业兴盛的程度。"行"又叫作"团行"，它

第一章 古代商业的产生

是同类商店或作坊的一种联合组织，"行"是同业商人为谋求共同利益而组织的，它是商品经济发展到一定阶段的象征。据《长安志》记载，长安的东市就有"二百二十行，四面立邸，四方珍奇，皆所积集"。

知识链接

世界各国对商号的定义

美国《联邦商标法》中对商号的定义为：商号（trade name），是指用于区别其企业或职业的任何名字。加拿大《商标与反不正当竞争法》第2条规定：商号意指一个法人、合伙组织或个人的名字，在这一名字下从事任何商业活动。《德国商法典》第17条的有关商号的定义是："商人的商号是指商人进行其营业经营和进行签名的名称""商人可以以其商号起诉和应诉。"《日本商法典》第16条规定："商人可以以其姓、姓名或其他名称作为商号。"由此可见，关于商号的定义，虽然各国的规定并不完全相同，但是，大体都是从广义上使用"商号"这一名词，把"商号"界定为商事主体从事商事活动时使用的名称。

许多阿拉伯的商人由于受到唐朝繁荣商业的吸引，前来中国进行贸易，从而对中外交流起到了一定的促进作用。丝绸之路从西汉张骞去往西域之后开创，至唐朝最为繁忙。来自异国他乡（包括西域）的"胡商"多以经营买卖珠宝珍奇为主业，唐宋的笔记、稗乘有许多与他们有关的传说，这是当时胡商活动的反映。

宋元的商人

唐朝灭亡以后，经过五代时期的战乱，到了宋朝，商品经济才又获得进一步发展。张择端的《清明上河图》真实地记录了宋代汴京商业兴盛

的景象。宋仁宗以后出现"交子"，它是世界上最早出现的纸币，纸币的出现使商人的经营与货物的流通更加便利，也对商品经济的发展起到了更好的促进作用。北宋首都汴京城内酒楼饭馆林立，商铺、邸店随处可见，孟元老的《东京梦华录》中详细记述了汴京的商业盛况，酒楼、食店、饼店、鱼行鳞次栉比，呈现出一片繁荣景象。当时汴京的商行已经超过160家，《东京梦华录》说："凡雇觅人力，干当人（经办料理某项事物的人）、酒食、作匠之类，各有行老供雇。觅女使即有引至牙人。"可见其普遍性。

中国人经商的历史源远流长

北宋时期，统治者对于富商大贾采取了较为宽容的政策，商税较低，富商大贾常常与大官僚相互勾结，企图垄断市场牟求暴利。据说汴京有许多百万富翁，而家中财产十万以上的人更是到处都是。

南宋朝廷偏安江南一隅，商品经济仍很发达。《西湖老人繁胜录》记载临安（今杭州）都市行即有川广生药市、象牙玳瑁市、金银市、珍珠市、丝锦市、生帛市、枕冠市、故衣市、衣绢市、花朵市、肉市、米市、衣卦市、银朱彩色行、金漆卓凳行、南北猪行、青器行、处布行、麻布行、青果行、海鲜行、纸扇行、麻线行、蟹行、鱼行、木行、竹行、果行、笋行，可见其繁华之一斑。

南宋以后的元代是少数民族建立的政权，蒙古族的民族英雄成吉思汗以强大的军事力量征服了欧亚大陆，建立了伊尔汗国、钦察汗国、察合台汗国和窝阔台汗国，紧接着挥兵南下，统一了全中国。元代的商业发展比较特别，大商人多是蒙古贵族、色目人等，僧侣、教士也纷纷经商，主要经营专供贵族享用的奢侈品，其中包括绫罗绸缎和珠宝玉器等。

明清的商人

明朝属于汉族统治者掌权的最后一个封建王朝，商品经济至明中后期最为发达，城乡市场繁荣，商业资本货币累积增加。商人的发展在明初曾受到

抑制，《农政全书》载："太祖加意重本抑末，十四年（1381年），令农民之家允许穿绸纱绢布，商贾之家只准许穿布。农民之家，但有一人为商贾者，也不许穿绸纱。"元末明初之际，这一重农抑商政令的颁布，与当时频繁的战乱、社会生产力十分低下有关。随着社会生产力的恢复和发展，商人的地位也逐渐提高，明中叶后期，商人不仅自己可以花钱买官，商人子弟也被允许参加科举考试。封建文人对商人的看法也有所改变，一些人为商人作行传，撰写墓志铭，称他们为"舍人""征君""处士"等，这些都标志着商人社会地位的显著提高。商人会馆——一种以地区为纽带的商人组织在明朝已经出现，会馆的设立增加了同乡商人在商品市场上的竞争力，也是商品经济发达的一个重要标志。一些大商人的商业资本有转为产业资本的趋势，明代已经有了资本主义的萌芽。北京至明成祖时成为全国的首都，谢肇淛《五杂俎》第六卷中记述北京的商业景况时说："市肆贸迁，皆四远之货；奔走射利，皆五方之氏。"这是对当时北京商业繁荣、商人云集的一个概括。

清朝是中国最后一个少数民族统治的政权，也是中国最后一个封建王朝。清朝商人众多，城乡商品经济都很发达，商业资本的出路除扩大经营以外，已有部分投入生产，资本主义因素不断增长。在全国范围内，许多商人公馆如雨后春笋般出现，几乎在社会的各个角落里，都分布着商人势力。

知识链接

丝绸之路

丝绸之路东起长安，通过北、中、南三路经今天的新疆一直延伸到里海、地中海沿岸国家，由东至西长达7000多公里，成为古代东西方文化与物资交流的重要渠道，对于发展国内各族人民以及中外人民的友好往来起到很好的推进作用。

中国与外界大量开展贸易是从著名的"丝绸之路"开始的。汉武帝为了抵御匈奴的侵扰，希望与西域诸国通好。张骞是汉中成固（今属陕西）

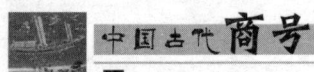

人，建元中为郎，在建元三年（公元前138年）应募第一次出使西域，在路途中不幸被匈奴所截获，过着长达十余年的拘禁生活，后来才得到机会逃出至大宛、大月氏等国。这次出使历尽千辛万苦，尽管没有完成通好任务，但张骞回国后将西域的地形与物产向汉武帝作出了详细报告，引起了武帝的极大兴趣。元狩四年（公元前119年），武帝又派张骞第二次出使西域。这次出使，张骞到达乌孙，并分别派遣副使到了大宛、大月氏、安息等国，出使使者完成得非常顺利，不久西域各国也遣使回访。张骞两次通使西域，打开了我国中原地区与西北地区乃至南亚、西亚的道路，从此商旅往来不绝。

第三节 官商与儒商

官营商业

封建社会时期的中国，其实是一个官本位国家，官家几乎与任何行业都保持着千丝万缕的联系。商业是一门生财的行业，是"利"的主渠道，官方当然要千方百计加以操纵控制。一直以来，商贾的命运都由官商关系的好坏来决定。

官与商之间主要包括三种关系：一是官营商业，在官营商业里的成员要么是国家的财政大臣，要么就是厮役奴隶。官家理财者是国家的当家人，他们原先可能就是私营商贾，当官后有一套经商之道，因而他们也可称为商贾。

第一章　古代商业的产生

二是商人当官，作政治投机商，他们原来是商贾，但想到从政可攫取更多的利益，或者有更大的政治抱负，他们弃商做官；或者为了争取更大的利益而选择依附官僚，以获庇护。商人做官，其最终目的是利益，因而对商贾的发展产生了更为深远的影响。三是官员经商，这不是官营商业，而是一种"官倒"，他们利用手中的私利获取个人利益，并非是当了官为官家兴办产业。他们当然要归入商贾的范畴，不过是独特的一类。

官营是中国古代商业的一大特色

春秋以前，官商的经营者已无从考知，我们只能在《周礼》找到一些掌管商业官僚的名称，只是，在这一时期，却没有发现任何官商业绩的记载。

官营商业反而一日不如一日。晋、郑等诸侯国的私商十分活跃，而本来商业就十分发达的齐国这时出现政府垄断的商业行为。齐国的官营商业是历代官商业的直接源头，它影响了2000年的商业政策。

管仲作为中国历史上第一位最著名的官商，从他推行盐铁官营制度和平准诸制上观察，足以证明他是名副其实的理财家。由于《管子》一书多有战国及秦汉间人的著作掺杂其间，以至于我们无法一窥管子真实的思想与其商业行为。

宋代王安石也是一大官商，他理直气壮地为官家理财，为皇家积攒大量财富，常常带有掠夺性质，因而官商取利远非任何私商所能相比的。

官商业垄断作为一种权宜之计，但不允许以扼杀私营商贾为目的。官商应以经营业绩为主业，而不可以掠夺为宗旨。中国古代的官商正存在着扼杀掠夺私营商业的习尚。官商多私商出身，可上台后成了压制私商的好手，可谓忘本。官商的好处可以说出一大箩，但中国古代商业的委顿却与官商的不当行为联系在一起。他们留给我们许多维护安定、积累资金的经验，更留下了破坏私营工商业、造成社会经济发展缓慢的教训。

中国古代商号

知识链接

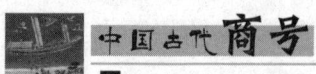

国内学术界在商号概念上的认识

在国内的法学研究中，对商号概念的理解还存在一定的分歧。多数学者对商号的概念作广义的理解，例如解释为"商号，又称为商业名称，是商事主体在其营业活动中所使用的名称，它是商事主体在从事商业行为时用以表彰自己营业的名称"。我国著名商法学者王保树教授认为："商号是商人在营业上表示自己的名称。商号又称为字号，也称为商业名称，由两个以上的字组成。"诸如此类的观点将"商号"与"字号"以及"商业名称"归类于同一概念。

除此之外，还有一些观点主张对"商号"作狭义理解，认为商号属于企业名称的一部分，其依据是《企业名称登记管理规定》第7条第1款规定的"企业名称应当由以下部分依次组成：字号（或者商号，下同）、行业或者经营特点、组织形式"。该规定以行政法规的形式在立法上确定了"商号"与"字号"同义，乃企业名称的一部分。由于对商号概念理解的不一致，在理论及实践中往往会出现对商号指称的混乱甚至矛盾，这对商号的保护非常不利。

商人做官

本来，官商中有不少原本就是私商出身，如孔仅、桑弘羊等，但他们做官的目的是为国家理财，而不是为了谋求私利。另有商人做官或附官者，则为牟取更大的私利。他们尽管最先会对国家有所捐助，但是，他们并不是为了国家大义，帮助百姓，而是为自己牟取更大的私利。

古代中国是官本位社会，做官谋求的钱财远非普通商人所能比拟。又因为商贾若不同官家加强联系则往往要招惹麻烦，所以，商贾欲有所作为，"交

第一章 古代商业的产生

勤俭行商的商贾们

通王侯"便成了发展事业的重要手段。

由商而官，影响最大的要数战国时的商人吕不韦。

商人依靠官场去发大财，说明中国的官场是赢利的场所，所以作为富商大贾，哪怕自己不花钱买官，也会主动寻求官场的庇佑。他们向达官贵人及朝廷作出一部分贡献，其根本目的是获取丰厚的回报。汉时豪商大贾皆欲"交通王侯"，意思是获取政治上的资本，得到经济上的实惠。明清以来崛起的徽商群体也"多高赀贾人，而勇于私斗，不胜不止，又善行媚权势"。这句话的大致意思是，为了为作奸犯科寻找庇护伞，许多商贾热衷于攀权附贵。

近代的红顶商人可以列出一大串，如郑观应、胡雪岩、盛宣怀、周学熙、张謇等这样一批声名显赫的人，不是倡导商战，就是商业工业的创始者，他们对近代工商业的发展作出了不可磨灭的重要贡献。

近代的商人附官或为官与传统商人有很大的区别，他们不仅仅是为了依附官员权势为自己谋划利益。近代商人已经摆脱末流地位，他们面临着外国资本的强大压力，他们借助官位是为获取更大的能量用来与洋人斗争，体现的是高昂的爱国热情。从这层意义上看，具有爱国精神的商人成了民族的脊梁。

弃儒从商

在四民分业的传统社会里，"士"和"商"本是处于社会地位的两极。

古代儒生

秦汉以来，以"内圣外王"为理想的儒士对"饰智巧的仰初利"的商贾向来不屑一顾，更不必说弃儒从商了。然而宋元以后，面对现实生活的压力，儒士也只好主动放下清高的架子，因而弃儒从商的事例每每见于史册。与此同时，"贾而好儒""贾服儒行""亦贾亦儒""贾而好学"的现象比比皆是，儒商之间的界限日渐模糊起来。

明代中期以后，中国传统农业社会开始酝酿着重大的变化，在经济上表现为工商业的空前繁荣。由于商路的进一步拓展，粮食、棉花、丝和丝织品等农产品的商品化和流通量的扩大，许多工商业都市在此期间如雨后春笋般兴起。在繁荣的都市中，一个新兴的市民阶层逐渐形成。市民阶层的兴起，打破了"四民社会"贵贱有别的等级秩序，主要反映在思想意识领域，简单来说，就是表现为宋代以来居统治地位的程朱理学日趋薄弱，一股向正统儒学挑战的启蒙思潮蓬勃兴起。其中，最直接反映市民阶层利益的是言私、言利的"治生"论以及与之密切相关的"新四民论"。

"治生"是明代士大夫阶层普遍关注的问题。清人沈垚在《费席山先生七十双寿序》中说：

宋太祖乃尽收天下之利权归于官，于是士大夫始必兼农桑之业，方得赡家，一切与古异矣。仕者既与小民争利，未仕者又必先有农桑之业方得给朝夕，以专事进取，于是货殖之事益急，商贾之势益重。非父兄先营事业于前，子弟即无由读书以致身通显。是故古者四民分，后世四民不分，古者士之子恒为士，后世商之子方能为士。此宋、元、明以来变迁之大较也。

沈垚在《与许海樵书》中不止一次地谈到儒士的治生问题，其中说：

宋儒先生口不言利，而许鲁斋乃有治生之论。盖宋时可不言治生，元时不可不言治生，论不同而意同。所谓治生者，人己皆给之谓，非瘠人肥己之谓也。明人读书却不多费钱，今人读书断不能不多费钱。

读书费钱，所以要"治生"，"治生"的目的是维护读书人的人格尊严。

从上面我们可以看出，大多数弃儒经商者起先的理想都是希望读书考取功名，走进仕途，后来，之所以会放弃学业，也多是因为社会环境或生活条件所迫。如此从商者，要么人在曹营心在汉，貌贾而实儒；要么脚踏两只船，

亦商亦儒；要么用儒家伦理规范自己的经营活动，穿着商贾的服饰却用儒士的行为束约自己，从而构成了一幅近代社会奇特的画卷。

知识链接

披着神奇面纱的胡商

　　胡商奇特的异方风俗以及非蒙古利亚人种的外貌特征，引起了内地人民的好奇心，加之他们多以经营珍异宝物为业，让他们披上了一层神奇的面纱。有关他们的种种活动，带有神秘色彩的传说不胫而走，传遍古代中国的角角落落，成为人们茶余饭后的谈资。《太平广记》五百卷，是北宋李昉等编纂的一部小说总集，采录汉至宋初的小说、笔记、稗史等475种，分为92大类，其中有大量对胡商的描写，这些记述作为小说来看无可厚非，但其是否具备某些研究价值呢？剥开其神奇的面纱，我们就可以发现这些传说中所蕴含着的社会、风俗、心态等诸方面的现实内容。

　　"鬻饼胡"是一篇很有趣味的故事。故事讲的是，有一个居住在京城的书生，其邻居是一个单身卖饼胡人。胡人得了重病，书生侍汤喂药，对他关怀备至。胡人临死时告诉书生说："我在本国是一个大富翁，因避乱至此。我有一颗宝珠藏在左臂内，作为报答赠送给你，你若卖给胡商，可获得许多钱财。"胡人死后，书生果然得到了一颗大如弹丸的珠子。这颗珠不甚光泽，市中并无人问津。有一天，一位胡商来到京城，见珠大喜，一问才知，这位胡商正是已死胡人的同乡，二人一同求宝，因海上遇风失散，经过五六年的辗转奔波，现在终于见到了它。于是书生以50万钱卖给了胡商。据说胡商之所以不惜重价求购这颗珠子的原因是携带此珠可以到海里寻宝。

　　这篇故事记述了中华内地居民与胡商友好往来以及胡商为求珍宝不畏艰难困苦的无畏精神，有一定的现实根据。至于破臂藏珠，在胡商故事中可以说是屡见不鲜。

　　有一位波斯胡商来到扶风的一家客店，见店门外有一块方石，就用

中国古代商号
ZHONG GUO GU DAI SHANG HAO

2000钱买了下来。他将石头破开，获得一颗直径一寸的宝珠，就用刀破开自己的腋窝，将珠藏在其内。在航海回国途中，忽遇大风，人们认为是海神取宝，逼迫波斯人将珠取出还给了大海海神这等荒诞不经的说法，胡人为了藏宝珠不惜损伤自己肉体却也是事实。

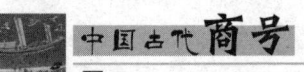

胡商遇盗

唐代诗人元稹《和乐天送客游岭南二十韵》诗"舶主腰藏宝"句下注："南方呼波斯为舶主。胡人异宝，多自怀藏，以避强丐。"胡商以身藏宝的习俗，在正史中也有记载。

　　胡商对于珍宝的痴求，与封建统治者追求奢侈腐朽的生活是异曲同工的，因而他们的活动受到了统治者的注意。《太平广记》收录了许多胡商识宝的故事，并使中国内地的习俗在一定程度上受到了影响。

贾服儒行

　　由于"万般皆下品，唯有读书高"的传统价值观的支配，弃儒从商的商贾们大多以儒家伦理规范自己的经营活动，影响甚广，从而促进了商人伦理的形成，使流传数千年之久的对商人的偏见——"无商不奸"的观念开始动摇，新的商人阶层值得越来越多人重新审视。

　　商人伦理规范之一是节俭。"勤俭节约是古训"一直深深根植于中国人的传统文化理念中。李商隐《读史》诗说："历览前贤国与家，成由勤俭败由奢。"禅宗讲"不作不食"，新道教讲"打尘劳"，新儒家讲"人生在勤"及"懒不得"，全都使中国人对勤俭的信仰进一步加深。到了明清时代，这种勤俭的习惯便集中地表现在商人的身上。

　　商人伦理规范之二是诚信不欺，也是商人伦理的最重要的内容。明清时期的中国商人相信"天道不欺"，可以看出，商人的诚实是与中国传统

的鬼神信仰息息相关。更多的方志记载表明，传统商人讲究职业伦理，这与商人们的好儒倾向存在着密切关系。他们不得已弃儒从商，虽不再是职业上的"儒士"，但是在道德上仍兼具儒的性格，不仅可以与普通儒者相比，甚至远远胜于某些利欲熏心的所谓儒者。

"贾服儒行"还表现在乐善好施、修祠堂助饷助赈、兴水利筑道路、抚孤恤贫等诸多民生方面。如明代徽商佘文义"折节行俭，好义如饥渴。构义屋数十楹，买田百二十亩，择族一人领其储，人日倩粟一升，矜寡废疾者倍之。丰年散其余，无年益贷补乏，岁终给衣絮"。明祁门人胡天禄，"族人失火焚居"，他"概为新之。又捐金定址建第宇于城中，与其同祖者居焉。又输田三百亩为义田，使蒸尝无缺，塾教有赖，学成有资，族之婚、嫁、丧、葬与婺妇无依、穷而无告者，一一赈给"。

除此之外，商人们不遗余力地赞助教育事业，除了圆其个人的读书梦想、光宗耀祖的动机以外，借捐纳报效、斥资兴学、抚贫济孤等义举以树立良好的社会形象，也是他们最大的目的。

由贾入儒

只想一心攻读圣贤书的儒生们逼不得已暂时由儒入贾，实际上，这并不是他们乐意选择的。对他们来说，经商不过是为自己或子孙业儒仕进打下一定的物质基础，一待时机成熟，他们便会弃贾业儒或由贾入儒了。

例如，明初休宁人汪昂，"初业儒，已而治蹉于江淮荆襄间……愤己弗终儒业，命其仲子廷浩治书，隆师备至。日以望其显名于时，以缵其先世遗烈"。

歙县人江骊，"未为儒，去而从贾，非其志也，顾时时诵史汉诸书及唐人诗，兴到援笔立就。尤专意程督诸子修儒术，延师课业不遗余力"。当他的弟弟应试不利，想弃儒从贾时，他则训导其弟："夫农之望岁，固也，奈何以一岁一不登，而辍耕乎？且吾业已悔之，汝复蹈吾悔耶？"他的弟弟听完这语重心长的一番告诫后，开始发愤图强，终于考取进士。

不少商人最后往往"复习举子业"，再由贾入儒，了却平生所愿。

清初休宁人汪镈，因父亲去世，家道中落"弃儒服贾走四方"，十多年之后"复习举子业，读书江汉书院"，最后得举进士，"擢吏部文选司主政"。

清黟县商人汪廷榜，少时业贾至汉口，"见船楫相蔽数十里，江波浩淼，大为所动""归而读书,能深思",然后去往钟山书院读书,尤其擅长于算学,最后"中乾隆辛卯第二名举人"。

新安程晋芳为盐商,在商人们一掷千金过着豪奢生活时,他"独惓惓好儒,罄其赀购书五万卷,招到多闻博学之士,与共讨论"。不久程晋芳经营盐务日益不善,家道中落,在皇帝南巡期间偶遇,他乘机献上自己所作的赋,皇帝阅后十分喜欢,授予他内阁中书,后来又被举荐为进士,最后,议叙改翰林院编修。

总而言之,在明清商人中,"贾有所成,将舍贾而归儒也",反映了商贾们的好儒倾向。

但是,作为两种不同的职业,业儒与服贾常相排斥,因为心无二用,能将二者关系妥善处理,能够游刃有余地在两个角色中进行转换的尽管存在,不过普通人却大多只能做好一件事,无法两者兼顾。

商人由贾入儒的目的在于"显亲扬名""光宗耀祖"。由贾入儒,这是传统商贾的最后归宿。

知识链接

儒商鼻祖——子贡

子贡,原名端木赐,字子贡。他是孔门七十二贤之一,是孔子的得意门生。擅长经商,他经常在曹、鲁两国之间经商,孔子说他:"赐不受命,而货殖焉,亿则屡中。"意思是子贡不做官而去从商,猜测行情,竟每每猜中。他是七十二子中最富有的人,史称子贡"结驷连骑,束帛之币,以聘享诸侯。所至,国君无不分庭与之抗礼。夫使孔子名布扬于天下者,子贡先后之也"。孔子曾称其为"瑚琏之器"。他利口巧辞,善于雄辩,且有干济才,办事通达。曾经在鲁国和卫国担任丞相。

《史记·货殖列传》载其"废著鬻财于曹、鲁之间"。曾自费乘高车大马奔走于列国,说齐、存鲁、霸越、亡吴。儒家学说后来得以发扬光大、流传百世,其功甚伟。《史记·仲尼弟子列传》,对子贡这个人物所费笔墨

第一章 古代商业的产生

最多,其传记就篇幅而言在孔门众弟子中是最长的。这一现象表明,在司马迁的眼里,子贡是个极不寻常的人物。他成绩优异,拥有很好的文化修养,政治、外交才能卓越,理财经商能力高超。在孔门弟子中,子贡是把学和行结合得最好的一位。

子贡在理财经商上有着卓越的天赋。《伦语·先进》载孔子之言曰:"回也其庶乎,屡空。赐不受命,而货殖焉,亿则屡中。"意思是说颜回在道德上差不多完善了,但却非常贫穷,连吃饭都成问题,而子贡不安本分,去囤积投机,猜测行情,却每每猜对。子贡依据市场行情的变化,贱买贵卖从中获利,最后变成富商大贾。由于子贡在经商上大获成功,所以司马迁在《史记·货殖列传》中以相当的笔墨对这位商业巨子予以表彰,对他在经济发展上所起到的作用给予充分地肯定。

中华儒商第一人:端木子贡

子贡在儒家修身、齐家、治国、平天下之间找到了一条成功的道路。这条路具体说来便是从事货物贩卖以谋利。他能很快地寻找到商机并加以运用,且坚持人弃我取、贱入贵出的经营策略,从而达到了亦官亦商、亦儒亦商的最高儒商境界。换句话说,子贡是我国历史上最早的儒、官一体的儒商。在当时,商人的地位非常低下,是那些达官贵人们所不屑一顾的,子贡"下海"的勇气和魄力显然令人佩服。

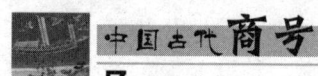

"己所不欲，勿施于人""己欲立而立人，己欲达而达人""内儒外商，为富当仁""以仁为本，以和为贵与时逐而不责于人""贫而无谄，富而无骄""从善如流，疾恶如仇""君子爱财，取之有道"。这就是子贡的经营理念。

第二章

历代著名商人

中国商人群体出现初期,其生存和发展的环境还是比较宽松的,所以到了春秋战国时期会出现管仲、子贡、计然、范蠡、玄高、白圭、吕不韦等在社会生活中占据举足轻重地位的大商人。两千多年来,中国商人虽然一方面要受到政府抑商政策的压制,另一方面还要受到"义利"之辩的社会思潮影响,处处举步维艰。然而,在这漫长的两千年里,历史要前进,社会要发展,商业的作用是十分重要的,名商巨贾仍然是代有所出。

第一节
职业商人的出现与发展

姜子牙经商

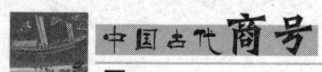

姜子牙就是中国历史上赫赫有名的齐太公，俗称姜太公，是辅佐周武王讨伐殷纣王获得成功的宰相，因而赢得"尚父"的尊称。事实上，他也是出身于小本生意的一介商人。

齐太公，本姓姜，名牙，故人称姜子牙。有传说称，他是炎帝的后裔，因其祖先掌管四岳有功而封于吕，子孙从其姓吕，所以，他也叫吕尚。

姜子牙从做小本生意的商人起家，晚年辅周伐商，成为周朝的第一个开国功臣，后来在周天子赐封的山东半岛上创建了齐国，所以史称姜子牙为齐太公。

姜子牙在没有从政之前，的确是一个专门从事贩卖活动的小商人，这在我国古籍中有不少记载：《史记·齐太公家世传》中说："吕尚盖尝贫困，年老矣，以渔钓奸于周西伯。"这就是说他在未遇周文王之前，家境贫困，是个饱经困苦的老头子。

谯周的《古史考》说："吕望尝屠牛于朝歌，卖饮于孟津。"姜子牙又名太公望。后来在周天子赐封的山东半岛上创建了齐国，就是说：姜子牙在今河南的淇县做过屠户，经营宰杀牛羊的肉铺，在现在河南的孟津开过"饮食店"，经营酒店之类"市饮"。

屈原的《问天》说："师望在肆昌何识？鼓刀扬声后何喜？"屈原的《离骚》中说："吕望之鼓刀兮，遭周文而得举。"屈原说的"师望"和"吕望"都是指姜子牙，大意都是说姜子牙曾经开过屠场宰杀牲畜，也曾经沿街吆喝着叫卖。

《盐铁论·颂贤》中说："太公贫困，负贩于朝歌。""负贩"就是背着东西，去做小本生意。

《尉缭子》说："太公望年70，屠牛朝歌，卖食盟津，人谓之狂夫。""盟津"即"孟津"。这段话的意思是姜子牙年过七十，还在做小本生意。《战国策》说："太公望，齐之逐夫，朝歌之废屠。"

《说苑·遵贤篇》说："太公望故老妇之出夫，朝歌之屠佐也。"这是说姜子牙是被老妻抛弃的屠夫。

以上史料都表明，姜子牙在没有遇到周文王之前，是一个命运多舛、穷困潦倒的专门从事贩卖活动的小商人。以至于他到了70岁，仍然做小本经营。他的故乡在古东夷（今山东邹县一带），他背着东西从家乡出发西行，要走几百公里才能到达孟津、朝歌，由此可见，姜子牙还是一位长年在外，专门做生意的行商。

历史上有关姜子牙经商的记载，为我们研究商业发展提供了机会。姜子牙的时代，正是商朝的末朝，他在朝歌和孟津做生意的时候正是纣王在位时，即公元前1075—1046年，在这个时期，中国已经出现了远离家乡、长年在外地经营小本生意的个体商贩。他们或者是从这里跑到那里，沿途叫卖，或者到城市里开设一个小店铺，为过往客商和普通城市居民服务。前者是"小行商"，后者是"小坐卖"。这就说明在商朝晚期，已经出现了"自由商人"。

知识链接

商号中的联号

在商号之林中，往往可以见到，同行业的各家商号，有的彼此间在文字上有一个字相同（前后字不拘），社会上将之称为"联号"。

联号有各种性质，有家族同源分流的，有股东同气连枝的。有互壮声威的，有依附高攀的。因此，真假联号之间便存在着根本的区别。

真联号有通财之义，资金相互调剂，以丰补歉。而且见利不争，荣枯与共。

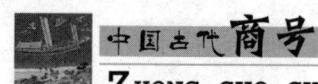

假联号是彼此间没有任何实质性关系，只经营着同一个行业，在商号命名时，选一字与同业相同，目的就是壮大自己的声威，提高营业产品的知名度，用以招揽顾客。不过，如果其中存在利益冲突，不仅有争取利益的野心，还存在着将其他同行者兼并的意思。至于谁是真联号，谁是假联号，在生意场中奔走者，肚里自有一本账。现略举联号的例子如下：

　　百货业：义华、英华、金华。

　　绸布业：德隆、德和、彰记，彰通。

　　金银首饰业：千盛、千祥、千兴、千大。

管仲的商业政策

　　在齐国开始由奴隶制向封建制国家的转化中，农村的井田耕者由群体奴隶转为份田农奴，但领主们还维持之前的劳役地租的剥削方式，因而造成在公田上的徭役劳动者兴趣低下，怠工、逃亡现象时有发生，公田荒芜不治，杂草丛生。齐襄公时，社会矛盾日益尖锐，各大国为了争夺更多的土地与人民，爆发出一场场战争。继襄公之位的齐桓公，为了巩固统治，并希望在兼并战争中取得胜利，而任命商人出身的管仲为相并予以重用。接触过下层人民的管仲，在其辅政期内，努力改革内政，推行了许多有利于发展商业的政策。

1. "通货积财"发展经济

　　管仲确立了"通货积财"的建国方针。所谓"通货积财"，就是发展商品生产和商品流通，并通过商品流通赚取利润，增加财政收入。

2. 官商和私商并存

　　他一方面仍维持"工商食官"的传统，保证官营商业的主导地位；另一方面对一批"知价之贵贱，日至于市而不为官贾者"和"日至于市而不为官

工者"的自由工商业者给予重用。官府给私营商业以一定的经营自主权，使私营商业的发展获得了较好的条件。

3. 通轻重之权

《史记》载："齐恒公用管仲之谋，通轻重之权。""通轻重之权"的大致意思就是说，由国家控制主要商品（指粮食）的自主权，掌管货币，发行平衡市场物价，调剂供求关系。《管子》说：管仲主张在物多而贱，即"轻"时进行收购；物稀而贵，即"重"时进行抛售，以平衡物价。并在一买一卖中，国家还可以获得一笔差价来充实国库。在齐国境内，管仲的经商本领获得充分的施展。

4. 积极发展对外贸易

在我国历史上，管仲是第一位擅长周转于诸侯国之间的"大贾"。他采取了许多比国内贸易要自由得多的政策来发展对外贸易。他鼓励外国商人把齐国的鱼、盐和手工业产品输往各国。实行"关市饥而不征"，就是指鱼、盐让商人自由出口而不纳税，"以为诸侯利"，促进内外交流的发展。为了招徕外国商人替齐国输出多余商品和输入齐国短缺的商品，管仲对个商实施了许多优惠措施。如：三十里置一驿站，积储食物以供过路者。在齐国都城内，有专门为外国商人修建的客舍供其居住。凡过往的一辆四匹马车供给伙食，三辆商车供给马的饲料，五辆商车供给从人饮食，这样做的结果是"天下之商贾归齐若流水力，为对外贸易铺平了道路。管仲还与各国订立通商盟约，规定相互之间，"毋忘宾旅""毋遏籴""降低关市之税"，以及修道路、偕度量。力主商品在当时的国与国之间能够顺畅流通。

除此之外，管仲还利用他国资源进行转手经营。他借"关市饥而不征"把别国的产品很快地转手他国，用以扩大自己的对外贸易，从中赚取利润。

从管仲处理外贸的价格问题可以看出他做买卖的手段是非常高超的。据《管子》记述，他主张"天下高则高，天下下则下"，即本国商品的内销价格的水平必须随着"国际"的价格水平而上下浮动。如果"天下高我下"，本国

管仲劝谏雕塑

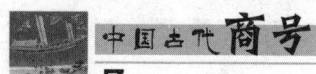

商品必然外流，则财税利于天下，利益被外国人夺去，但为了争夺各诸侯国的市场，管仲对某些国内剩余商品的价格进行有意识地降低，方便对外倾销。对本国短缺的商品，则提价外销，"天下下我高，天下轻我重"，以鼓励商品进口。

知识链接

商战制敌

管仲在对外关系中还通过"商战"来牵制住别的国家。相传鲁、梁两国常与齐国冲突，因为鲁国与梁国的人民对织绨尤为擅长，管仲提倡齐国从上到下穿绨，管仲告诉鲁、梁商人，用300斤金子换取1千斤绨，在高价原则的引诱下，鲁、梁两国放松农业而专心织绨。随后管仲则又令齐人一律不准穿绨服，并封闭边关不与鲁、梁通商，鲁、梁的绨卖不出，又缺乏粮食，谷价涨到百钱一石，而齐国由于粮食增产，每石谷只十钱，但不许外流。鲁、梁的百姓为了生活有十分之六投奔齐国，鲁、梁之君只得屈服于齐。在制服邻近小国的过程中，管仲的政策是以经济手段为主的。

5. "四民分业"

中国历史上，管仲是第一位提出以"士、农、工、商"划分为社会四大集团的。他主张"四民分业"，把商业从工商统称中剥离出来。

管仲为此制定出非常严格的管理制度。据《齐语》记载：管仲在整顿地方组织中，制鄙（农村）为五属，制国为二十一乡，士之乡为十五，工商之乡六，对士农工商分别设官管理，官商和私商都在专门设置的同一个乡里居住着，但按照人口有机地编制出来，不允许其随意往他处迁移。

管仲认为"食于官"的商业奴隶和私人商贾聚居一处，承袭下去的子孙就会受益颇多，"群萃而州处，察其四时，而监其乡之货（财），以知其市之价，负、任、担、荷、服牛、辂马，以周四方""以其所有，易其所无，市贱鬻贵，旦暮从事于此，以饰其子弟，相语以利，相示以赢，相陈以知价，少而习焉，英心安焉，不见异物而迁焉，是故其父兄之教不肃而成，其子弟之学不劳而能"。他极力促成商业带动力可以代代相传。

重视商品流通的政策为齐国带来了极大的好处。所以在管仲死后，齐国仍然奉行他所制定的商业政策，使齐国"常强于各诸侯"。

郑以商业为立国之本

继齐国之后，郑国是在商业发展中最著名的国家。

郑国属于春秋中期的一个诸侯小国。它有很多的地理位置重要，北接齐、曹，南连陈、蔡，东邻鲁、宋，西通周、晋，水道四通八达。它是商业和交通的一个中心地带。它和齐国不同，不是以强齐的地位，也不是以本身丰富的资源和产品作为发展商业的条件，而是一个弱小的邦国，靠地处各国经往枢纽的有利地理位置，靠国内有一批具有丰富经验的商人倚仗贩运贸易起家以达到商业兴旺发达的目的。郑国把发展商业作为基本国策，长时期内给予商人以优惠。

郑国重商是有其历史根源的，因为郑国建国之初就是与商人有着密不可分的关系。

公元前806年，周宣王封其弟（即郑桓公）在今陕西西华县。桓公是周励王的小儿子，当时周朝奴隶制已经是日薄西山，周宣王实在拿不出多少奴隶分给自己的老弟，只得把一批商人，即属于原来商族后裔的商业奴隶给了郑桓公。这就是子产所说的"昔我先君桓公与商人皆出自周"的故事。获得封地后的郑桓公主要就是依靠这批商人的协助，才有能力开发几近荒芜的封地。由于开发荒地，劳动繁重，在郑国的创基奠业中，商人便起到了决定性的作用。因此，郑桓公破例对商人作出了让步，不仅解除了他们的奴隶身份，给了他们自由民的地位，并且还给了他们一定的自主经营权，不把他们当作完全由官府控制的官贾来看待。在春秋诸国中，郑桓公是第一个废除"工商食官"制度的。当时郑桓公为巩固自己的统治，与商人订了一个盟约，即"尔无我叛，我无强贾，毋或丐（取也）夺。尔有利市宝贿，我勿与知"。

这个盟约的大致意思是：只要你们商人不背叛我郑桓公，我就不强买或夺取你们商人的财宝和货物，也不干涉你们商人的经管，你们发了财、赚了利，有了值钱的宝物，我也不过问。由于双方"恃此誓言，故能相保"，双方合作得很愉快，郑国的国力也得以很好的发展。

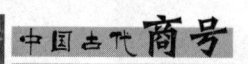

知识链接

弦高犒师退秦

　　有了郑桓公与商人的盟约，郑国商人与郑国皇室相互依存。为了维护郑国的利益和生存，郑国商人中出现了不少以国家大计为重，富有爱国之心，忠于"祖国"，保卫"国家"的爱国者。其中一个流传千古的商人救国的故事是弦高犒师智退秦军。

　　公元前627年，秦国国君穆公，为了夺得郑国这块水陆交通四通八达，商业繁荣昌盛的黄金宝地，决定出兵伐郑。秦穆公强令大将百里和副将西乞、白乙率领大军企图对郑国进行突然偷袭，一举将郑国歼灭。灭秦国的这一战争部署，郑国一无所知，国内没有任何御秦准备。郑国商人弦高在去周都洛阳做买卖的路上恰巧遇到秦国的军队，料定秦军必是来偷袭郑国。郑国在生死存亡之际，弦高出于对郑国的大爱，决定挽救郑国于水火之中。他心想：凡是偷袭别国的人，都要趁人无备，如果秦军知道郑国有了准备，就有可能使秦军不敢贸然进犯。于是弦高一面派人星夜赶回郑国通风报信；一面大胆沉着地拿出12头牛和4张牛皮，假装奉了郑国国君之命前来犒赏秦军。他主动求见秦将，对他们说："敝国的国君听说贵军要路过敝国的都城，特意派我来慰劳你们及从者，贵军如果愿意歇歇脚，我们将准备一天粮草来招待；如果不愿停留，我们就担任一夜的警卫，明天护送贵军去敝国。"郑国国君接到弦高的警报后，立刻调兵遣将，严阵以待。秦国的将领们听到弦高的话后，暗自商量：郑国已有准备，偷袭取胜这一计怕是不行了。假如一时攻不下，而粮草有限，倒不如及时退兵。于是放弃了偷袭郑国的计划，灭滑而还，郑国便得以保全。事后，郑国国君决定对弦高予以重赏，弦高以为这是自己应该做的事，因而没有接受。

　　弦高犒师智退秦军的故事说明：在国家惠商政策保护下的商人系自身存亡于国家安危之中，忠心爱国。在大难当前，国家危亡之际，挺身而出，保卫祖国。

陶朱公的辉煌

范蠡,字少伯,春秋时期楚国宛(今河南南阳)人,春秋末著名的政治家、谋士和实业家。后人尊他为商圣。

原本过着与世无争、逍遥自在隐居生活的范蠡,后来被楚国宛令文种发现并带入仕途。但忠臣伍尚被楚王杀害的事实,让他认识到楚国的衰落和政治的黑暗,最后说服文种,一起投奔越国,成为越王勾践的重要谋士。

周敬王二十四年(公元前496年),吴国和越国发生了槜李之战(今浙江嘉兴),吴王阖闾在战争中不幸身亡,因此两国结怨,连年战乱不休,周敬王二十六年(西元前494年),阖闾之子夫差为报父仇与越国在夫椒(今无锡太湖马山)决战,越王勾践大败,仅剩5000兵卒逃入会稽山。范蠡向勾践慨述"越必兴、吴必败"的断言,范蠡进谏说:"屈身以事吴王,徐图转机。"被拜为上大夫后,他陪同勾践夫妇在吴国为奴三年,"忍以持志,因而砺坚,君后勿悲,臣与共勉"!三年后回归越国,他与文种拟定兴越灭吴九术,是越国"十年生聚,十年教训"的策划者和组织者。为了实施灭吴战略,即九术之一的"美人计",范蠡亲自跋山涉水,终于在苎萝山浣纱河探访到德才貌兼备的巾帼奇女——西施,在历史上谱写了西施深明大义献身吴王、里应外合兴越灭吴的传奇篇章。范蠡为越王勾践图谋策划长达二十余年,终助其成就霸业,被尊为上将军。

越王勾践雪会稽之耻,建立霸业后,自然不会忘记为他取胜立下汗马功劳的范蠡,不仅封范蠡为上将军,又将会稽山赏赐给范蠡作为封邑。一件让人意想不到的事情发生了,范蠡竟驾船而去,永远离开了越国。

文财神范蠡

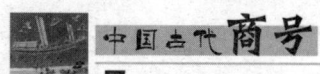

知识链接

商号中的记号与房号

如果说,"联号"是认同,那么,在商号中加"记"字或加"房"字,则是为了区别。有几种情况:

由于店址租约不能变更商号名称的原因,而实际商号所有人已经易主,为了区别所有权并由此而行使权利和承担义务,只得在商号名称上加上某记字样,以便于识别。

加房字则系家族同源分流的商号,在各房公有的商号名称上,加上长房、二房或三房等字,有嫡庶之分的,则写上娘房和婆房。

有的商号增减股东,就在商号上加某记字样,以表示不同阶段。

范蠡清醒地意识到功高震主是十分危险的,他与勾践相处二十余年,知道勾践的为人,深知勾践是一个可与之同患难而不能共安乐的人,因此果断逃离会稽。事实证明范蠡这一举动是十分明智的,因为文种没有听进去范蠡的劝说,最后被勾践处死。

隐姓埋名的他来到齐国,日夜辛勤耕作。并将他在越国从政时的"计然之策"运用到商业领域,并获得了巨大成功,"居无几何,致产数十万"。所谓"计然之策"主要有以下内容:

(1)"旱则资舟,水则资车"。范蠡在越国时曾主持"平粜"的有关事宜。即在丰年由政府收购多余粮食,到荒年再平价卖给农民,他认识到丰年和荒年变化是有一定规律可循的。远见卓识是一个成功的商人所应具备的条件,水灾来临时,就要考虑到旱天有一天会到来,对车的需要一定增加,就应该着手准备做车的生意,这实际上是教导人们对市场动态要提前作出正确的预测和判断。

(2)"贵出如粪土,贱取如珠玉"。2000多年前的范蠡,已隐约觉察到了商品价值与价格的关系,认识到商品价格不能偏离价值太远。"贵上极则反贱,贱下极则反贵"。当商品价格高到一定程度时,就要当机立断,快速出售,"无能居贵",反之亦然。过分等待高价,会错失良机。

（3）"无息币"。用今天的话说，就是要加速资金周转，只有做到"财币欲其行如流水"，才能使"不尽财源滚滚来"，从而赚取更多的商业利益。

（4）"务完物"。就是指要对商品质量高度重视。采购的商品一定要完好无缺的，对"易腐败而食之货"千万要小心，不能久留。

在这些商业理论指导下，范蠡在经商活动中，很快财运亨通。巨大的财富为范蠡赢来极高的声望，他很快被齐人推举为相，又一次被历史潮流推上政治舞台。

范蠡高居相位后，寝食不安，在他看来"居家则致千金，居官则至卿相"，这已是布衣百姓一生的顶峰了，长时间居于高位，未必就能获得好处，不如见好就收，急流勇退。因而他辞去相位，将自己积攒的万贯家产全部分给亲朋好友、邻里乡党，又一次消失了。

范蠡来到陶邑（今山东定陶境内），这里北临济水，东北有荷水沟通泗水。济、汝、淮、泗之间构成水道交通网，而陶邑正处于这个交通网的中间。这里有非常发达的陆路交通。由此向东北是商业发达的卫国，向东是齐国和鲁国，向西是魏国和韩国。得天独厚的地理位置使陶邑成为"诸侯四通""货物所交易"的"天下之中"，成为万商云集的工商业大都会。远见卓识的范蠡发现这里正是他大展鸿图、安居乐业的理想场所，于是定居下来，与其子从耕畜起家，继而经商"侯时转物，逐什一之利"，短短几年"致货累巨万"，成了名符其实的亿万富翁，天下人尊称他为"陶朱公"。

知识链接

陶朱公救子

范蠡的二儿子在楚国因为杀人而被捕入狱。腰缠万贯的陶朱公闻迅后，立即把他的小儿子叫到身边说："我听说'千金之子不死于市'，更何况我的财富不知要抵多少个千金，你赶紧带上一车黄金珠宝，赶往楚国将你二哥解救回来。"小儿子正想动身救人，其长子听说后，自告奋勇前去营救二弟。陶朱公没有答应，长子生气地说："子有长幼之分，二弟有罪，父亲不派我去搭救，却派小弟去，这分明是看不起我这个长子，我还有何面

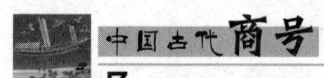

目活在人世！"说完就要举刀自刎。无可奈何的陶朱公不得不改为让长子去往楚国。临行前修书一封交给儿子，吩咐道："你把这封信交给楚国庄先生，再送给他一千两金子供他使用，其他的事他自会办妥的，千万不要自作主张，自以为是，切记！切记！"长子点头称是。

长子来到楚国，按照父亲的嘱咐，在一个偏僻的市巷找到背柴回家的庄生，递交给他书信和金子，庄生看完信告诉他："你可以回家了，千万不要停留！你弟出狱后，不要问原因。"

离开庄生家的陶朱公长子并没有回家，而是私自在楚国居住，又将所带金银分送给其他楚国权贵。

庄生以廉洁正直闻名楚国，楚王自然对他十分倚重。他收下陶朱公的黄金后，并不是要占有它，想事办成后，再退回去。过了几天，他求见楚王言道："现在某星在某处出现，这是楚国不祥之兆。"楚王忙问有何妙方逢凶化吉，庄生道："只有大王行仁积德方能消灾。"楚王于是下令，准备大赦天下。陶朱公长子不知是庄生的功劳，以为二弟性命无忧，可以赦免，竟觉得白送了庄生一千金，就跑到庄生家，索要回了他的金子。

庄生十分生气，觐见楚王说："臣走在街上，到处传闻大王大赦天下是为了释放富商陶朱公的儿子，并非真正施行仁义。"楚王听完恼羞成怒，下令先斩杀陶朱公之子，然后再大赦天下，以澄清是非，根除谣言。

可怜陶朱公长子，只能收起弟弟的尸体，回家报丧去了。

陶朱公听到儿子被斩的消息，表现得非常平静坦然。他说："我早就预料到长子不能救回弟弟。他从小跟我受苦，知道生活艰难，因而对财物非常看重。我原打算派小儿子去楚国，因为幼子从小生长在富裕环境之中，对钱财使用起来毫不在乎，可以救出老二。"

范蠡的一生，是充满传奇色彩的一生。他从楚国投奔越国，再从越国逃往齐国，后从齐国又移居陶邑，每到一地，必"成名于天下"。他的经商思想和致富理念，被白圭等人继承并发扬光大，直到今天，陶朱公的经商理念仍让人们受益匪浅。

大盐商猗顿

战国时代,猗顿是盐商的著名代表。

据《史记·货殖列传》记载:

猗顿,鲁之穷士也。耕则常饥,桑则常寒。闻朱公(即范蠡)富,往而问术焉。朱公告之曰:子欲速富,当畜五牸。于是乃适西河,大畜牛羊于猗氏之南,十年之间其息不可计,货拟王公,驰名天下。以兴富于猗氏,故曰猗顿。

《史记》还说猗顿依靠畜牛羊致富后,又从事煮盐和贩卖食盐,成为战国时期鼎鼎大名的大盐商。他主要经营出产于魏国河东的池盐。池盐从虞舜时代起就是一项著名而且重要的商品,春秋时被视为"晋国之宝",战国时"齐有渠展之盐,燕有辽东之煮",魏国的河东池盐与之齐名。河东盐池是畦盐。这种盐的生产工序不仅简单,并且很容易赚取报酬,只需要把盐销售出去。猗顿看准这一行当,于是背井离乡,从鲁国到魏国的河东地区从事池盐的生产和贩卖。他是农牧主兼大盐商,又是范蠡的门徒,成为路子广阔的大商人。猗顿的资财多得惊人,"货拟王公,驰名天下"。韩非曾把"上有天子诸侯之尊"和"下有猗顿、陶朱卜祝之富"相提并论,真是青出于蓝而又胜于蓝!

智勇仁强的白圭

战国后期,商品经济较之前期有了更为明显的发展,商品贸易活动也日益频繁。商品观念和商品意识深入人心,财富成了人们羡慕追逐的对象,子贡、范蠡成了当时大多数人崇拜的偶像。时代的不断进步,促进了新一代自由商人的产生,在这种环境下,杰出的实业家白圭出现了。

白圭,名丹,本是周人,与孟子是同时代人。他看到周天子地位名存实亡,国家日益衰落,就离开周,来到了势力强大的魏国。时值魏惠王执掌大权,都城位于大梁,在魏国政治上,白圭也颇有一番作为。白圭在魏国步入仕途后,他的才能很快得到魏惠王赏识,被任命为相国。

白圭在担任相国期间,对当时各诸侯国普遍施行的"什一之税"赋税制度提出怀疑,主张减轻田税,变"什一之税"为二十税一。马克思曾指出"强有力的政府和繁重的赋税是同一概念"(《马克思恩格斯全集》第 8 卷第 221 页,1961 年版)。当时战国七雄已形成中央集权的大国,战争不断，封建财政需要极其庞大的支出，各个诸侯国为了维护自己的政权，不得不对本国人民苛征重税。他的这种主张，尽管对下层劳动人民和商人阶级有利，但无疑损害了统治者的利益，甚至连主张轻徭薄赋的孟子也出来反对他的观点，抨击二十税一是野蛮人的做法。他的这一主张触及了重用他的魏惠王下限，他只好辞去相位，弃官经商。

白圭还是战国时期著名的水利专家，担任相国期间，十分重视水利建设，调动了大量人力物力财力修筑堤防。当时中原规模最大的水利工程，沟通黄河和淮河两大水系的鸿沟，据史书记载是由白圭主持修建的。韩非子曾称赞"白圭无水难"。

白圭为相的魏国都城大梁距范蠡曾定居过的陶邑非常接近，受范蠡的影响，步入商界的白圭有一套相当完整的商业致富理论。他认为年成好坏与岁星运行之间存在着紧密的关联，这是对范蠡经济循环学说的进一步发展。他认为"太阳在卯，穰；明岁衰恶。至午，旱；明岁美。至酉，穰；明岁衰恶。至子，大旱；明岁美，有水。至卯，积著率岁倍"。白圭所说的年成好坏的循环规律比范蠡"计然之策"更加细致，在每12年中，有"穰"即大丰年两年，"衰恶"即坏收成四年，"美"即丰年四年，"旱"和"大旱"各一年。共有六年丰收年，六年灾荒年。白圭认为掌握了这个规律进行贸易，就可以获得巨大的利润。

白圭奉行的一条非常重要的贸易原则就是"人弃我取，人取我与"：当五谷成熟时收进谷类农产品，而出售丝漆等；当蚕茧成熟时收进帛等，出售谷类农业品。他之所以赚取巨大利润，很大一方面就是因为他掌握了购销时机。

白圭还主张"欲长钱，取下谷；长石斗，取上种"。下等谷类是广大贫苦民众赖以生存的必需品，由于在贸易上成交数额大，所以从中赚取的利润也更多。他还指出，要获取巨大利润，不仅靠贸易这一来源，也可从改进生产方面着手，即所谓"长石斗，取上种"。2000多年前白圭就能总结出选用优良品种增加农业产品产量的经验，是十分了不起的。

家累千金的白圭，依旧过着"薄饮食，忍嗜欲，节衣服，与用事僮仆同苦乐"的简朴生活。这样做不仅节约资金，对扩大货物贸易规模有好处，而且更能赢得人们对他的好感与信任，让他在货物贸易过程中更加顺利。

白圭"欲长钱，取下谷"的经营原则，以及"薄饮食，忍嗜欲，节衣服"的生活作风，表明了白圭对成本和收益之间的关系考虑得面面俱到。白圭这种成本—收益思想方法，在中国古代经济思想中占有重要地位，直到今

天,仍有许多可供借鉴的地方。

白圭认为,经商一定要把握时机,运用智谋,要"趋时,若猛兽挚鸟之发"。要"犹伊尹、吕尚之谋,孙吴用兵、商鞅行法"。如果"智不足与权变,勇不足以决断,仁不能以取予,强不能有所守",就不可能在商业竞争中取胜。在他看来,只要做到"智""勇""仁""强"四个字,在经商活动中就一定能稳操胜券。所谓"智"就是足智多谋,随机应变;"勇"就是要勇往直前,当机立断;"仁"就是要讲究商业道德,做到公平竞争;"强"就是要固守时机。

白圭去逝后的千百年间,都被历代商人作为商业祖师供奉着。诚如司马迁所谓"天下言治生者祖白圭"。从白圭的商业贸易理论来看,他是当之无愧的。

大冶铁主郭纵

据《史记·货殖列传》记载:"邯郸郭纵以冶铁成业,与王者埒富。"

战国时期,邯郸不仅是赵国的都城,还是最大的冶铁中心。而郭纵是邯

古代冶铁图

郸冶铁主的代表。

战国时最重要的手工业部门是制铁业。春秋时，铸铁已经发明并有所改进。战国时期在此基础上又得到了进一步发展。铁器具的广泛使用，为铁业制造带来了勃勃生机。尤以楚、韩、赵等国的制铁业更为发达，当时赵国的邯郸已成为冶铁中心。冶铁技术已有相当高的水平，铁器的质量大大提高。由郭纵主持冶制的铁器脆而且硬，比较耐磨。本来只适用于作犁铧的白口铸铁，经退火处理后变成了具有一定强度和韧性的"展性铸铁"。

这种"展性铸铁"在战国中晚期已被广泛地应用于制造铲、锄等农具和生活用品。在铸铁过程中，还出现了性能介于白口铁和灰口铁之间的麻口铁。铸造铁器时，从一次使用的陶范发展到连续使用金属范；从单合范发展到用较为复杂的双合范；从用外范到用内范。炼块铁是锻件的主要原料，在反复锻打中经过渗炭处理，出现了含炭比较均匀的块炼钢，可用来制作剑戟等兵器。制铁术的改进，使手工业生产力得到很大的提高，青铜工具进一步被铁制的手工业工具所取代。铁制的斧、锯、凿、锥等工具已是手工业者日常随身携带的必备之物了。制铁业的发展，为各行各业的技术进步，提供了更好的物资基础，同时也使手工业产品中的商品经济的比重大幅度增加，促进了商品交换更趋繁荣。

在冶铁业中，商业资本兼有生产资本的性质，郭纵就是这样，他既是冶铁主，又是铁制品的经营主，工商利润都在他的掌控下，因而他也获得更多的利润。他役使大量劳动力（农民、雇工以至部分奴隶）进行较大规模铁业的生产和铁制品经营，所以郭纵能与王者埒富而名闻天下。

知识链接

行业的商号特色

运用本行业的特色作商号名称，是商号之林中的另一格。现略举之：

印刷业：振文、文彩、文海。

照相业：留春、天然。
茶业：品珍、品香。
洗染业：四时新、四时春、易新。
所有这些，都各具行业特色。

大行商鄂君

从古到今，交流四方土特产品的贩运贸易一直是热门行业。春秋时，皮革、木材等曾为大贩运商所热衷经营。到了战国时期，因各地产品更趋于商品化和地域分工更趋细致，经营土特产品贸易的大商人比过去更为活跃，所贩运的品类比过去更为繁多。由于土特产品在各地区之间存在较大的差价，这就吸引很多人来搞贩运贸易，"其人通贾，倍道兼行，夜以续日，千里而不还者，利在前也"。《管子》这段话是对当时在四方奔走的贩运商人的真实写照。搞贩运要冒"关梁之难、盗贼之危"，所以最好是要有点势力，找个靠山。在这种情况下，有的贵族地主和官僚就依靠自己手中掌握的权势兼做贩运买卖，成为大贵族兼大行商。在此期间，著名代表人物就是楚国的鄂君。

从安徽寿县出土的四枚楚怀王时的鄂君符节，正是鄂君启用舟车载运货物的水陆两路通行证。符节上载明：一次可出动车50辆或船150艘。并注明，航程路线包括今湖北、湖南两省的极大部分地区，河南、安徽两省一部分地区，还深入广西一角。在规定的运输工具数量范围内凭节可以免征关税和商业税。像楚国鄂君这样的官僚兼营贩运商，在战国时期极为常见。

大统一的赞助商

春秋末期在封建地主制形成过程中，自由商人联合新兴地主阶级共同反对封建领主割据势力，促成了统一集权的封建地主国家的成立，起到了推动历史进步的积极作用。到战国时，在新形式下，商人为大统一提供赞助增添了新的内容。由过去赞助在一国内实行统一转变成在几个割据的封建地主国家中形成全国统一的中央集权制的国家，所以说商人是大统一的赞助者。

从战国时的客观实际看，随着经济的发展，已经出现了像定陶等城市的经济中心，工商业色彩较浓厚的城市发展，出现了超越政治界限的统一经济区，这是商业发展的必需结果，同时也是商业资本的力量所在。在战国时代，商人通过自身努力，成功促使了许多繁荣都市和重要经济地区的形成。商业在都市与都市之间、经济区与经济区之间，起到了重要的"媒介"作用。这种作用有助于打破当时的政治界限和军事割据，有利于以后的全国统一。"四海之内若一家"的大统一思想在商业发展的影响下抬头了。

战国时期，领邑制逐渐被郡县制取代，尽管在各国内部获得统一，创建统一集权制封建地主政权，然而，各个诸侯国之间依旧处于割据状态。阻关梁，塞道路，以邻为壑，各个国家为了私利纷纷进行经济封锁，各国的道路以及车辆的辐度都有所不同；各国之间的关税仍然很重，甚至还有一国内地的过境税。"关市苛难"，关吏还要索取贿赂。因此，商人对统一经济联系的要求与诸侯各国分裂割据的政治形势发生了很大的矛盾。要保证商品交换的正常进行，加强地区经济的相互联系，只有改变各国割据的政治形势，使全国走向完全的统一。生产和商业发展要想顺利进行，就必须进行全国统一。所以，许多商人，特别是从事诸侯国与诸侯国之间贸易、物资交流的贩运商人，就很自然地成为全国统一的赞助者。此时的商人，已经和春秋时的卫国商人同本国统治者一起反对外国的情况迥然不同，他们对经济的认知已经不满足于对本国封建统治者狭隘的利益了。在本国国势衰弱、商税苛重的条件下，商人宁愿寄希望于别的实力较强、能减低关税、有统一前途的国家充当统治者，甚至愿意把自己的资本也投向外国，以支持中国统一的斗争。这种情况和当时的游士不管自己的"宗国"而仕于别国的情况如出一辙。有的商人还从经济上或明或暗地支持某一国家的统一事业，有的还直接参与了政治活动，从事完成统一的政治斗争。如吕不韦扶助秦王统一全国就是一个明显的例证。尽管商人们赞助大统一的动机各不相同，但在客观上，所有大统一的思想和行动，都是与当时历史发展趋势相适应的。商人们在统一的历史进程中，完全是站到大统一这边的，这一情景也是广大人民所普遍期待的愿望。

自由商人的形成

西周、春秋之际，奴隶制度开始逐渐瓦解，历史开始了新的转折。旧的生产关系中开始孕育着新生产关系的萌芽。首先在社会经济的主要部门农业经济中，逐渐有了新的封建关系的因素，尤其是铁制农具和牛耕的普遍使用，更促进了这一新因素的迅速增长。西周时期实行的"工商食官"制度，随着社会经济的发展而被冲破，加在工商业者身上的限制与束缚逐渐解除，许多庶人从经营工商业中爆发，成为新的生产者，其特征就是在他们手中拥有着巨大的财富，形成了具有强大经济实力的商人群体，特别是到了春秋后期，大幅度上升的私营商业人数几欲取代官商而形成一个庞大的商业阶层。中国历史上具有典型意义的真正的商人就是从这一代商人中开始形成的。这一代商人最基本的特征就是他们有权自由贸易，就是指有权自由议价、自由收购、自由运销，脱离了官府的控制。

随着商业的进一步发展和自由商人的出现，人们对商业和商人开始有了较为明确的认识。在春秋时期的文献中，对商贾已经有了全面而确切的定义，对从事商业的人员大致分为两大类，称谓上一叫作"商"，一叫作"贾"。"商"是指专门从事远路途贩运、趸买趸卖者，这些人的特点是常年在外、服牛辂马、负任担荷、周流四方；"贾"是指专门从事直接向消费者售卖货物的人，这些人的特点是有固定的销售地点，即"居肆列货，以待民来"。因此在民间形成了"行商坐贾"的说法。

春秋时代，各个诸侯小国为了生存与发展壮大，某些大的诸侯国又为争夺霸主地位做准备，经济发展已经成了必需的趋势。各国统治者都清楚地意识到，要想国富民强，仅仅发展

繁忙的商口岸

农业生产已经满足不了要求，必须各个工商业全面发展。因此一些国家的统治者非常重视工商业，尤其是对商业给予了特别的关注和扶持，涌现出了像当时的周、齐、郑、晋等重商国家。经过春秋时期各诸侯国长期征战和兼并，到战国时便形成了齐、楚、燕、韩、赵、魏、秦七雄对峙的局面。各地新生产关系的代表者——地主阶级先后取代奴隶主阶级掌握政权，生产关系的变化为生产力的发展开辟了新的道路，农业、手工业得到进一步发展，各地、各诸侯国之间开辟了广阔的商路，开展了广泛的商品交流活动。借此大好时机，不仅各地商人，甚至"千乘之王，万家之侯，百宝之君"也都投入了商业经营活动中，出现了"天下熙熙，皆为利来，天下攘攘，皆为利往"的盛况。商业发展在此期间达到鼎盛时期，也应运而生出许多大商人。总而言之，在这一时期里，人们把经商作为一种发财之道，社会上出现了经商热潮，在人们的头脑中也认为"用贫求富，农不如工，工不如商"。因此，弃官、弃学经商，甚至弃农经商的社会现象非常普遍。在这种情况下，大量的自由商人出现了，这些商人靠着贱买贵卖和囤积居奇牟取暴利，同时他们又受到官府的保护，所以大量的商业资本在他们手中积聚起来。财富的不断增加，致使商人有左右或控制经济的资本，甚至有足够的经济实力对当时统治者的政治决策产生巨大的影响。所以，在春秋战国时期，商人们拥有经济实力、社会地位和政治关注，称得上是他们最美好最辉煌的时代。

知识链接

吕不韦巨资辅秦王

吕不韦（？—前235年），战国末期卫国著名商人，后为秦国丞相，政治家、思想家，卫国濮阳（今河南滑县）人。吕不韦是阳翟（今河南省禹州市）的大商人，祖籍位于城南大吕街，他在往来各地中低买贵卖货物，所以积攒了许多财产。他以"奇货可居"闻名于世，曾辅佐秦庄襄王登上王位。公元前258年，吕不韦到邯郸经商，见到在赵国做质子的秦国王孙

异人（后改名子楚），认为"奇货可居"，于是拿出许多钱财资助他，并西入咸阳，游说秦太子安国君宠姬华阳夫人，立子楚为嫡嗣。后子楚与吕不韦逃归秦国。安国君继立为孝文王，子楚遂为太子。第二年，子楚即位（即庄襄王），任吕不韦为丞相，封为文信侯，食河南洛阳10万户，门下有食客3000人，家僮万人。庄襄王死后，年幼的太子政立为王，尊吕不韦为相邦，号称"仲父"，吕不韦自此执掌朝政大权。命食客编著《吕氏春秋》，又名《吕览》。有八览、六论、十二纪共20余万言，汇合了先秦各派学说，"兼儒墨，合名法"，故史称"杂家"。书成之日，悬于国门，声称能改动一字者赏千金。此为"一字千金"。执政时曾攻占周、赵、卫三国，立三川、太原、东郡，对秦王政兼并六国的事业有重大贡献。后因缪毒集团叛乱遭受牵连，被免除相邦职务，出居河南封地。公元前235年吕不韦畏罪被迫饮鸩自尽。

第二节 古代名商趣话

重商奇才桑弘羊

汉武帝（公元前140—前87年）时期，是西汉王朝最为强盛的时期，也是中华民族蓬勃发展的时期。雄才大略的汉武帝在外服四夷、内兴功利，建

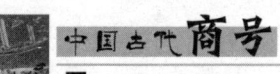

立丰功伟业的同时，也耗尽了文景以来府库的积蓄，导致严重的经济危机，国家财政已经入不敷出，甚至频临赤字。为解燃眉之急，一批商人由此得到汉武帝的重用。当时年仅33岁的大商人桑弘羊便获得了这一机遇。

知识链接

商号的文字组合

商号的文字组合，其意义也多种多样。有古朴典雅的：如瀛州（酒家）、凤城（照相）、晋兰亭（笔店）、琢王（刻印）、璞玉（眼镜）。有雅丽清新的：如月峰（照相）、泉圃（茶业）、杏春（国药）、桂香园（菜馆）、松茂（皮行）。有道貌岸然的：如道德堂（国药）。有为他人祝福的：如增寿堂、保寿堂、平安堂（均国药）。有时代气息浓郁的：如昌明（电灯局）、竞新（理发）、明星（照相）。有平实无华的：如生生（西药房）、平平（牙科）。有民族意识和爱国思想的：如兴华（绸庄）、中华、大华（均书店）。

大多数手工小店多会起一些粗鄙无文的商号。用匠人的名字（包括乳名）为商号，既简单又省事。还有故意"标新立异"，比如太平路东门街口对过，有一间草席店，在店前骑楼两边柱子上，各写上长长、短短、大大、小小、阔阔、狭狭等十二个字，表面文章是草席的规格齐全，但语带双关，让喜欢低级趣味的人去想入非非。

商号也有三个字的，诸如绸布业的瑞和珍、鸿发昌、荣生泰、公安祥，都属加强吉祥的气息。也有加进姓氏成三字的，如吴祥记（百货）、洪裕记（粮食），以赛烟火而出名的丁长合和顾来源，以扎花灯屏而出名的林盛记和周炳记，都是加姓的商号。

桑弘羊（公元前 152—前 80 年），洛阳人，出身商人家庭。受家人的影响，自小就精于算计，聪明伶俐，因此 13 岁就被选入宫中做侍中。

汉武帝为了摆脱财政方面的困境，维护封建主统治大权。决定加强封建政权对经济的干预和控制。元狩三年（公元前 120 年），他任命了几位盐铁富豪担任政府高级财政大员，来实施他的经济新政策。桑弘羊便是其中的主要人物，和他一起被选中的还有齐地大盐商东郭咸阳，南阳冶铁巨商孔仅。历史上将这三人称作"言利事析秋毫"的经济专家。

以桑弘羊为首的改革派人物，盐铁官营这项经济措施首当其冲被推行。西汉以来，许多豪强富商从煮盐、冶铁、铸钱中，大发其财。一些企图割据独立的王国政权，也通过经营盐铁铸钱，来积蓄实力，补充武装力量。桑弘羊认为，实行盐铁官营，不仅可以增加封建政府的财政收入，而且可以从经济上打击地方割据势力，禁止奢侈之风，有效控制诸侯王。

盐铁官营的具体做法是：盐的生产由产盐区人民小规模自由经营，其主要生产工具煮盐用的大铁锅——"牢盆"由政府提供。全部产品按规定价格由国家收购，由封建政府专卖机构出售，严禁私人经营，违者处以刑罚。各郡县盐官由中央大农从该地富裕盐商中选拔任用。针对以往冶铁业由私人经营的状况，规定铁的生产和流通全部由封建政府垄断经营，不允许私人冶炼和交易。铁官同样交由冶铁商人担任。

到了公元前 98 年，又规定，对酒也实行专卖，由封建政府全权掌管酒的酿制生产过程。严禁私人酿造，不过允许私人代为销售。后来由于贤人们的强烈反对，酒的专卖政策未能实施。

这些经济政策的实施，使得封建政权有了经济实力的保证，汉武帝巡狩、封禅赏赐和开拓疆域再也不用为经费问题而发愁了。武帝对桑弘羊更加器重和信任，他支持桑弘羊尽快制定出更能为他带来巨大利益的经济政策。

汉武帝元鼎二年（公元前 115 年），38 岁的大农丞桑弘羊继盐铁官营之后推出了他的第二项经济改革方案——均输法。均输之称先秦时就已出现，其原义是指政府按距离远近增减各地贡输数量从而达到均衡劳费的目的。桑弘羊的"均输法"对此赋予了新的内容。其具体做法是，各郡国贡品，除确有价值又为京师所需用者可照旧直接运往京师外，其他贡品不必再送京师，可由各地均输官另选当地廉价而又属于经常外销的商品，运往高价地区出售。这样，不但可以规避以往因贡品直运京师后导致的弊端，而且各地均输官可以不费官府一文经费，却可以通过向高价地区出售贡品获得巨额利润。同时也加强了各地的物资交流，封建政府还利用均输所得物资发展了与匈奴和西域等边疆民族的贸易。

均输法的推行受到全国上下人民的一致欢迎，收到了"民不益赋而天下用饶"的神奇效果，被公认为是桑弘羊经济政策中最成功的一条。正因为如此，这项经济政策在西汉一直奉行下去。

元封元年（公元前110年），43岁的桑弘羊任治粟都尉领大农事，在武帝支持下，他的第三项重要经济改革措施出台亮相，这就是平准法。

平准思想来自《管子》和范蠡，桑弘羊将其发扬光大，成为与均输法相互配套的经济政策，就是政府通过官营商业收售物资，从而平抑市场物价。具体办法是在京师设置"平准"机构，交给大农属下的平准令管理。凡均输贡物剩余物品以及工官制作器物中用作商品的部分，基本上都由平准令掌握，当市场上某种商品价格上涨时，平准令就以低价抛售；如果价格下跌，则由平准令收购，使物价保持基本稳定。

平准法的推行，不仅达到了"平万物而便百姓"的目的，而且使一些"富商大贾无所牟大利"。价格趋于稳定，不管对封建政权，还是对人民乃至对整个商人阶级都是大有裨益的。

元狩三年（公元前120年），即桑弘羊踏上政治舞台的那一刻开始，他总是全心全意地为西汉政权经济发展出谋划策，为汉武帝辉煌事业尽职尽责。除制定了盐铁官营、均输平准政策外，还参与了"算缗""告缗"，统一币制等经济政策的实施。还曾经提出允许百姓"入粟补吏，及罪以赎"的建议，并主持组织了60万人屯田戍边，防御匈奴，从而让汉武帝对他更加赏识，甚至宠信。

支持桑弘羊的武帝去世后，汉昭帝继位，大权掌握在大将军霍光手中。霍光对桑弘羊在武帝晚年以来的经济政治政策，以及怎样制定国策方面产生非常严重的分歧。始元六年（公元前81年）的盐铁公议便由此产生。

盐铁会议以检查武帝以来所实行的经济政策为名，实际上是借题发动反对桑弘羊的一场政治斗争。参加会议的有御史大夫桑弘羊及属官、丞相田千秋及属官和60多名由郡国选派的代表，即所谓贤良文学，实际上是社会下层地主阶级知识分子。这是我国历史上第一次召开的对现实政治经济政策进行检查的大规模的全国性会议。会议双方辩论的主要内容有民间疾苦的原因、对匈奴的政策以及关于施政方针和治国良策。

在盐铁会议上，经过激烈的辩论，双方达成一致，决定废除酒专卖和关内的盐铁专卖制度。桑弘羊的盐铁官营、均输平准政策仍旧继续推行。但贤良文学派在霍光的支持下活跃一时，桑弘羊在政治上受到很大挫折。第二年因被卷入燕王旦和上官桀父子谋反事件，结果被处死。

在盐铁会议上，桑弘羊曾提出"富国何必用本农"的著名论点，并认为对外贸易能够使"外国之物内流而利不外泄"。他提倡外贸和重视商业的思想，在那种朝野上下被重农轻商观点渗透的时代是难能可贵的。尽管他遭到多方面的非议攻击，但他对西汉封建政权作出的光辉贡献是不容置疑的。

由于受战国后期以来轻商思想的影响，加上经济政策的一些失误和用人不当等原因，桑弘羊的一系列经济政策在刚实施时就受到一些官吏的指责和非议。其中以卜式最为激烈。卜式本是河南以牧羊致富的百万富翁，史载他"以田畜为事……入山牧十余岁，羊致千余头，买田宅"。据陈直先生考证，按西汉羊价每头900—1000钱计算，卜式的千余头羊，价值在百万以上。后来武帝出击匈奴，卜式上书将其家产一半捐献国家，武帝深受感动，以为卜式为人朴实忠厚，先后拜为郎、齐王太傅、累官至御史大夫。卜式上任后"见郡国多不便县官作盐铁，铁器苦恶，贾贵，或强令民卖买之"。于是上书武帝，请求废除盐铁官营制度，这使武帝十分生气，下诏将卜式贬为太子太傅。

在公元前110年，即平准法推行的第一年恰好遇上小旱，卜式又趁机向武帝进谏，反对均输平准政策，认为"县官当食租衣税而已，今弘羊令吏坐市列肆，贩物求利"。按道理说这是十分正常的由政治见解不同导致的分歧，但大概是司马迁所谓的"本富为上，末富次之"的缘故吧，依靠"本富"即牧羊致富的卜式十分嫉恨仇视"末富"经商出身的桑弘羊，竟将天旱说成是均输平准政策的结果，提出骇人听闻的主张："亨（烹）弘羊，天乃雨。"幸亏武帝对桑弘羊给予极大的信任与支持，才使其免于祭天丧生之苦。

远行的外贸专家

公元6世纪末，隋朝统一，结束了汉末以后400年左右的大混乱、大动荡以及大分裂局面，天下逐渐趋于太平。一度萧条的丝绸之路又出现了生机，商队络绎不绝，驼铃声随风飘荡。伴随着丝绸之路的重新畅通，历史舞台上出现了一位为开拓西域、发展国际贸易立下不朽功业的著名能手——裴矩。

裴矩西域行

裴矩（547—627年），字弘大，河东闻喜（今山西闻喜东北）人。出身于官僚世家，幼时丧父，由其伯父抚养长大。因聪明博学、才华横溢而闻名当时，初仕北齐，齐亡后入周，深得杨坚赏识。杨坚代周建立隋朝，裴矩成为心腹近臣，在平陈之役中，奉晋王杨广（即隋炀帝）之命，负责接收保护南朝陈国遗留的图书载籍。还曾受文帝派遣，经略岭南，北抚突厥启民可汗，与牛弘等参定隋礼。

605年炀帝即位，裴矩深得器重，与苏威等5人共同参与朝政，并称"五贵"。当时，西域各少数民族在张掖一带，与中国进行"互市"，开展边境贸易。裴矩被隋炀帝派遣至张掖，全权负责管理监督事宜。裴矩在张掖，利用职务之便，访问"周游经涉"的西域豪商，搜集西域各国山川险易、君长姓族、风土物产等资料，还将各国王公庶人服饰仪形绘成图画，又描绘地图，注记各地险要，最终纂成《西域图记》三卷，献于隋炀帝。

知识链接

《西域图记》

《西域图记》共记载了西域44国的大致情况。在此之前，我国历史上还没有一个人像裴矩那样，花费那么多年的心血与精力研习记载出有关西域地区的历史风俗。可惜原书现已散失，现仅存书序，记述了敦煌至西海（今地中海）的三条主要路线，是关于中西交通的重要史料。这三条路线是："北道从伊吾（今哈密）经蒲类海（今巴里坤）、铁勒部、突厥可汗庭（今巴尔喀什湖之南）、渡北流河水（今锡尔河），至拂林国，达于西海。其中道从高昌、焉耆、龟兹（今库车），疏勒度葱岭……至波斯（今伊朗），达于西海。其南道从鄯善、于阗（今和阗）、朱俱波、喝槃陀度葱岭，至北婆罗门（今北印度），达于西海。"

《西域图记》正好迎合了好大喜功的隋炀帝的野心，炀帝看后十分高兴，给裴矩"赐物五百段"，命他全权负责经营西域事宜。

在裴矩的努力下，高昌三鞠伯雅及伊吾吐屯设等遣使入朝。大业五年（609年）隋炀帝亲征吐谷浑，将数千里土地并入隋朝版图。从大业元年至九年（605—613年）的8年里，裴矩多次来往于甘州（今张掖）、凉州（今武威）、沙州（今敦煌），大力招徕胡商，并引致西域商队前往长安、洛阳等地，边境贸易逐渐被首都贸易所取代。

当时，世界上著名的商业贸易中心、全国最大的商业都市，要数洛阳与长安东西二京。裴矩劝说炀帝将各少数民族的奇珍异品和朝廷贡物，陈列于端门街，各类品种达10万之多。又下令洛阳文武百官、男女老少身着艳丽服装前往观赏，持续一月之久。又将丰都、大同、通远三市粉饰装

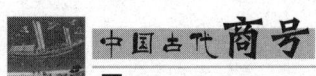

点，焕然一新，然后邀请各国商人入市交易，备上丰盛酒席让外商免费食用。"邀延就坐，醉饱而散，不取其直。"使各国商人惊叹不已，"谓中国为神仙"。

公元7世纪初是一个非凡的时代，登上政治舞台的隋炀帝依仗国力富强，骄奢淫逸，变成历史上有名的暴君。多行不义必自毙，一场新的疾风暴雨铺天盖地而来，隋朝江山被农民起义军无情摧毁殆尽。裴矩在政治风浪中，认清了形势，最终选择归依唐朝。

归顺大唐的裴矩，自然受到唐高祖和唐太宗的礼遇。裴矩也不遗余力地为唐朝政权服务，"年且八十，而精爽不衰，以晓习故事，甚见推重"。

贞观元年（627年），当时已经80岁高龄的裴矩因病去逝。裴矩的名字以及他开拓西域的功业，将永垂青史。

知识链接

唐代的破烂王

唐朝是中国封建经济高度发达的时代，这一时期，出现了许多以各种途径致富的谋生能手，他们懂得计划，发扬自己的长处而规避短处，想各种办法为自己招揽生意。种种精巧的构思，让人折服。

在唐代的河东郡，有一个著名的商人叫裴明礼，对于如何处理生计尤其擅长。他本来是一个家境贫穷的人，又没有亲戚朋友依靠，只好白手起家，依靠自己的力量来致富。他看到好多富户人家丢弃了许多东西，便把它们收集起来，分门别类地集中起来，久而久之，竟挑选出许多有用的东西。这些东西在富户人家眼中没有一点用场，但裴明礼却根据不同季节和不同的对象来贩卖他收集来的东西，譬如到冬天就把捡来的破旧衣服洗净晒干卖给没有衣服穿的人，到农闲时就把捡来的废旧木料卖给木匠做东西，秋天阴雨时就把捡来的树枝卖给人家做柴烧。裴明礼用这种收集废旧物的卖钱办法积攒了许多钱。有了钱之后，他在郡城的金光门外廉价买了一块荒芜的堆满了碎石瓦砾的空地，因为地不好，所以价格很低。他买下地之

后，在空地中间立了一个木杆，上面挂着筐子，让附近的人用石头瓦块往筐中投掷，谁扔到筐中就给谁一点钱作为奖赏，因为筐子挂在又高又远的地方。能扔进去的人很少，但是地上的瓦块碎石都扔到一堆了，他很快就把这些瓦片碎石运走了。然后裴明礼又把这块地无偿地交给放羊的人让他们在地上放羊，过了一段时间，地上积了一层厚厚的羊粪。裴明礼就把提前收集起来的果核种在用犁犁过的地里。一年多以后，这些果核都发芽长得很茂盛；又过了几年，果树都结了果子，他就通过贩卖果子赚取许多钱财。由于通过这些经营发了家，他便修了一所高大的住宅，房子修好之后，他在院子周围摆了许多蜂箱，以便蜜蜂作房酿蜜，又在院子周围种了许多葵花和其他开花的果树，到春季花开的时节，附近飞来了许多蜜蜂，在花果树上采花，然后在蜂箱中酿蜜，如此一来，又收了不少蜂蜜，不仅够自己家里人食用，而且还拿到集市上卖，用这种办法，又赚了许多钱。由于他能够因地制宜，充分利用各种条件为自己积累财富，筹划精确、构思巧妙，所以依靠个人的力量白手起家，在十几年的时间里，从一个贫困得不名一文的农夫成了一个家资巨万的著名富商。

杂货商孙春阳

明朝是手工业极度发达的时期，不仅有非常繁荣的集镇贸易，而且拥有经济发达的江南小镇，据说那里店铺林立，游人如织。在苏州阜桥之西有一个叫孙春阳的人开办的杂货铺天下闻名，杂货铺中的货物也往往被用来向皇宫上贡。

孙春阳原本是明代万历年间浙江宁波人，年轻的时候，像其他人一样寒窗苦读，参加了地方政府组织的童生考试，结果名落孙山。他不甘心为了一点功名利禄而耗费自己的青春时光。他看到当时物产丰富，但货物流通不畅，各地货物价格差别很大，而且苏州又是江南繁华的城市，往来客商多，办商店一定生意兴隆。因而他毅然放弃科举入仕的道路，转而利用自己的聪明才智从事商业经营。他来到苏州，开了一个小店铺，专门卖那些从各地采购来的低廉货物。他选用苏州市中心一个极为繁荣的交通要道处来作为货铺地点。货铺内部模仿当时州县衙门的形式，也设立了六房：南北货房、海货房、醃腊房、酱货房、蜜饯房、蜡烛房，按这六类货物分别贮存和销售。由于他采购和制作的货物全是各地采来的名牌和精品，加之价格合理，所以苏州远近的居民以及往来客商都喜欢到他的店铺中买货。在内部，孙春阳实行统一管理的做法，买货者先在总柜台上交钱，由总柜台上开出发货票，然后凭发货票前往各房中取货。因为财务管理有序统一，经营效率获得提升，同时有效规避了其他弊端，孙春阳作为总管，只需要每天结一次小账，每年汇总一次大账，极为简单轻便。

知识链接

商号的实物招牌

一间商号，除了用文字做招牌外，还有用实物做标志的：如绸布业顺发绸庄，在二楼店面挂上一支长圆形的大灯笼，获得很好的效果。此后，不少商号仿样，张长合乐器店，挂上一支大"二弦"，大书老二房字样，一时潮州城里的商号，鞋店、屐店挂上大鞋、大屐，成为一时风尚。

为何各地商人都争相前去苏州做生意？原因在于：一来商业发达繁荣，二来店铺林立，竞争性强，像孙春阳这样的杂货铺有数十万家。但他选购货物特别仔细精心，采办的商品质量好，买卖公平，价格合理，在顾客中享有很高的信誉，而且店规严格，用先进的办法管理账目，提高了经营效益，因此他的杂货店是全苏州最兴隆的。他死后，他的子孙继承了他的店铺和经营方法，使他的杂货店在商业竞争中一直处于领先地位，生意兴隆。从明代万历年间一直持续到清中期，延续了200多年，子孙仍然从经营百货中获得了很大的利润。他的事迹远近闻名，许多当时的作家都为他写了文章，纪念孙春阳这个成功的商人。

"乐善好施"的徽商鲍志道

许多著名的大商人在明清时期出现在徽州一地,这是有迹可寻的。因为徽州这个地方,地少人多,而且自然灾害尤其是水灾频繁,很难掌握庄稼收成,所以经商成风,形成了明清时期的一大帮派。鲍志道是清代徽州的一个著名商人。

鲍志道,原名廷道,字诚一,生于清乾隆八年(1743年),卒于嘉庆六年(1801年),鲍家是经商世家。鲍志道学完经商算账的学问后,便离开家乡,到浙江去从事长途贩卖食盐的生意。因为清朝禁止民间买卖食盐,实行盐引制度,只允许盐商在政府的管理监督下向煮盐户收购食盐,然后运到各地贩卖。由于经营食盐生意盈利颇丰,所以清代许多富商都兼做食盐的生意。因为初入社会的人缺乏经商本钱,不熟悉各种情况门路,因此他选择协助当时担任扬州太守的吴某进行浙盐经营。鲍志道在经营的过程中熟悉了情况,获得了经验,又因为他办事精明干练,所以很得吴太守的赏识,并给他不少钱自己经营。鲍志道于是如鱼得水,工作更勤恳认真了。他收购的盐质量好,而且由于管理得法,成本低,在市场竞争中逐渐脱颖而出。他在经商中注重信誉,从不短斤少两,真正做到了货真价实,童叟无欺,在同行和居民中树立了良好的信誉。后来由于经营盐行的商人越来越多,清政府为了便于管理和盘剥,在盐运商中设立总商,要求凡是同行业内部的竞争、食盐的价格、买卖双方的纠纷等都由总商管理。由于鲍志道人品好,声望高,办事能力又强,所以当地盐商一致推举他做总商。自做了总商后,他办事公道,使人信服,又善于与人结交,同行都很尊重他。乾隆末年,福建的盐由福建盐商运往江苏销售,对江苏市场

古代商铺

冲击很大，江苏盐商在鲍志道领导下，提高食盐质量，想方设法降低成本，并采用了薄利多销，而福建盐商长途运输成本高，根本和本地盐商无法竞争，最终被迫从江苏退出。鲍志道带领当地盐商渡过了难关。因为盐商各自经营，资本少，当发生突然事变时，往往不堪一击。在运盐途中又屡有盐船沉没的事情发生。为了帮助盐商渡过危机，鲍志道在盐商中倡导和推行了互相救济的办法，凡是有盐船沉没，其他的船只都必须互相接济、帮助受损失的人渡过难关，鲍志道的这一提议受到广大盐商的一致称赞，都说他为盐商办了一件好事。

  尽管鲍志道因经营盐业而发家致富，但他与同时代其他富商大贾所过的奢华生活不同，鲍志道自己不仅过着俭朴生活，而且严格要求其子女，不准他们挥霍浪费。他用自己的资金为本地民众谋福利，花钱雇人修建道路和桥梁，以便于来往交通，并捐资在北京修建徽州会馆，供本地人去京师时休息、住宿之用。他是徽州致力于乡村建设的著名人士之一。在他去世后，清政府的地方官承请政府准他入乡贤祠供奉，当朝权贵名流纷纷为他树碑立传，名动一时。

  鲍志道死后，他的大儿子鲍淑芳继承他的职务担任两淮总商。自小被父亲言传身教的鲍淑芳，也把为家乡人民作贡献当作他应尽的义务。在家乡受水灾时，他曾出粮出钱赈济饥民，并出资200万两白银帮助政府修堤筑坝，使当地居民免受水灾之苦，还为民众办了许多好事。他的事迹被地方官报到嘉庆皇帝那里，嘉庆皇帝亲笔为他题写了"乐善好施"的匾额以示表彰。道光以后，因盐商势力过大，几乎动摇国家经济命脉，所以清政府改变了食盐专卖的政策，允许民间自由买卖食盐，盐商垄断特权消失了，经营盐业的利润越来越少，鲍氏也同其他盐商一样，逐渐衰落了。

财神爷——沈万三

  沈万三，名富，字仲荣，俗称万三。万三者，万户之中三秀，所以又把三秀作为巨富的别号，元末明初人。据说，当时朱元璋修复南京城时，沈万三承包了其中三分之一的工程费用。因其孙卷入"蓝玉案"受到牵连被充军云南，没收财产。其财富来源一说为海上贸易所得，可能算是历史上最早的国际贸易商人。《元史演义》里，沈万三被称为"财神爷"。

  《明史》记载：14世纪时，江南一个发了大财的巨商——沈万三，为大明的开国皇帝朱元璋造筑了南京城墙后，还溜须拍马地想为朝廷犒赏三军，结果朱元璋眼一瞪，将其发配到山高水长的云南去了。

元朝中叶，沈万三的父亲沈祐由吴兴（今浙江省湖州）南浔沈家漾迁徙至周东坨，后又迁到银子浜。沈万三在致富后把苏州作为重要的经商地，他曾支持过平江（苏州）张士诚的大周政权，张士诚也曾为沈万三树碑立传。明朝初年，朱元璋将都城迁往南京，沈万三助筑都城三分之一，朱元璋赐予沈万三的一对儿子入朝为官的殊荣。但不久，沈万三被朱元璋发配充军，在云南度过了他的余生。

沈万三故居

沈万三在周庄、苏州、南京、云南都留下了足迹。后来，沈万三虽然受到张志诚、朱元璋的封赏，但他还是不愿离开周庄这处他打下商业根基的宝地。他为了让自己的子孙都留在这块富裕之地，不惜重金加以培养，使沈家久盛不衰。

沈万三得到了汾湖陆氏的巨资，还由于其"治财"有方，显示了他出色的"经济管理"才能。他有了巨资后，一方面继续开辟田宅；另一方面他把周庄作为商品贸易和流通的基地，利用白砚江（东江）西接京杭大运河，东北走浏河的便利，把江浙一带的丝绸、陶瓷、粮食和手工业品等销往海外，开始了他大胆的"竞以求富为务"的对外贸易活动，使他迅速成为"资巨万万，田产遍于天下"的江南第一豪富。沈万三对钱财的分配尤其擅长，据说他将在贸易中赚到的一部分钱财首先用于购置田产，剩余的那部分便用作经商周转的资本。所以说，沈万三是以垦殖为根本，以分财为经商的资本，大胆通蕃，而一跃成为巨富。周庄"以村落而辟为镇，实为沈万三父子之功"。

沈万三赚取的巨额财富让朱元璋感到不安，也有些许嫉妒。在遭受朱明王朝三次沉重的打击后，沈万三很快衰落了。在洪武三十一年（1398年），"奏学文与蓝玉通谋，诏捕严讯，诛连妻女，及其仇七十二家"。洪武三十一年二月，"学文坐胡蓝党祸，连万三曾孙德全6人，并顾氏一门同日凌迟"（《周庄镇志》卷六·杂记），这次沈万三女婿顾学文一家及沈家6口，近80余人全都被杀头，没收田地，可谓是满门抄斩了。沈万三苦心经营的巨大家业，轰然倒塌。"沈万三家在周庄，破屋犹存，亦不甚宏大"，沈家大族遭受三次如此沉重的打击，家破人亡。

就这样，号称江南第一豪富的周庄沈万三，盛极则衰，但他毕竟是一个值得研究和借鉴的人物，直至今日，周庄有关于沈万三的遗迹，也让中外旅游者及专家学者很感兴趣。

世界首富——伍秉鉴

1834年，中国出了位世界首富，他就是伍秉鉴。伍秉鉴（1769—1843年），又名伍敦元，祖籍福建。伍秉鉴的先祖在康熙初年移居广东，开始经商。到伍秉鉴的父亲伍国莹时，伍家开始参与对外贸易。

1686年春，广东巡抚李士祯在广州颁布了一项公告，宣布身家殷实的人，只要每年固定上缴一定数额的白银，就允许其作为"官商"承包对外贸易。从此，近代中国历史上著名的"广州十三行"诞生了。在以后的发展中，这些行商因办事效率高、应变能力强和诚实守信等优点而深受外商欢迎。让李士祯意想不到的是，中国后来的一位世界首富便由这一公告催生而来。

1757年，清朝下令实行闭关锁国政策，仅保留广州一地作为对外通商港口。这一重大历史事件，直接促使广州十三行成为当时中国唯一合法的"外贸特区"，从而给行商们带来了巨大的商业机遇。1783年，伍国莹迈出了重要的一步，成立了怡和行，并为自己起了一个商名叫"浩官"。该商名一直为其子孙所沿用，成为19世纪前期国际商界中一个响亮的名字。1801年，32岁的伍秉鉴接手了怡和行的业务，伍家的商业帝国由此开始迅速崛起。在此后的100年中，广州十三行竟向清朝政府提供了40%的关税收入。在广州十三行中，以同文行、广利行、怡和行、义成行最为著名。其中的怡和行，更因其主人伍秉鉴而扬名天下。

在经营方面，伍秉鉴依靠超前的经营理念，在对外贸易中迅速发财致富。他首先与欧美各国的重要客户建立非常深厚的友谊。1834年以前，伍家与英商以及美商每年的贸易额都达数百万银圆。伍秉鉴是英国东印度公司最大的债权人，东印度公司资金周转不灵时，常向伍家借贷。正因为如此，伍秉鉴在当时西方商界享有极高的声誉，一些西方学者更称他是"天下第一大富翁"。当时的欧洲对茶叶质量十分挑剔，而伍秉鉴所供应的茶叶曾被英国公司鉴定为是最好的茶叶，标以最高价出售。从此以后，凡是装箱后盖有伍家戳记的茶叶，都能在国际市场上以高价畅销。在产业经营方面，伍秉鉴不但在国内拥有地产、房

产、茶园、店铺等，而且大胆地在大洋彼岸的美国进行铁路投资、证券交易并涉足保险业务等领域，使怡和行成为一个名副其实的跨国财团。

由于慷慨大方的美好品格，伍秉鉴在海外享有很高的声望。据说，曾有一个美国波士顿商人和伍秉鉴合作经营一项生意，由于经营不善，欠了伍秉鉴7.2万美元的债务，但他一直没有能力偿还这笔欠款，所以也没有办法顺利回到美国。伍秉鉴听说后，马上叫人把借据拿出来，当着波士顿商人的面把借据撕碎，宣布账目结清。自此以后，伍浩官这个名字便享誉美国，被传扬了半个世纪之久，以至于当时美国有一艘商船下水时竟以"伍浩官"命名。

经过伍秉鉴的努力，怡和行后来居上，取代同文行成为广州十三行的领袖。伍家所积攒的财富，让当时的所有商行望尘莫及，据1834年伍家自己的估计，他们的财产已有2600万银圆，成为洋人眼中的世界首富。建在珠江岸边的伍家豪宅，据说可与《红楼梦》中的大观园媲美。

然而，伍秉鉴作为清王朝急剧衰落时期的一名富商，他所积攒的财富注定无法保全。就在他的跨国财团达到鼎盛时，一股暗流正悄然涌动。1840年六月，鸦片战争爆发。尽管伍秉鉴曾向朝廷捐巨款换得了三品顶戴，但这丝毫不能拯救他的事业。因为其之前曾同英国鸦片商人存在非常紧密的联系，所以，他曾多次遭到林则徐训斥和惩戒，还被迫一次次地向清政府献出巨额财富以求得短暂的安宁。《南京条约》签订后，清政府在1843年下令行商偿还300万银圆的外商债务，而伍秉鉴一人就承担了100万银元。也就是在这一年，伍秉鉴因病在广州去世。

伍秉鉴死后，曾经富甲天下的广州十三行开始迅速没落。许多行商在清政府的榨取下纷纷破产。更致命的是，随着五口通商的实行，广州丧失了在外贸方面的优势，广州十三行所享有的特权也随之告终。第二次鸦片战争爆发后，又一场突如其来的灾难降临到十三行街，使这些具有100多年历史的商馆彻底化为灰烬。

2001年，美国《华尔街日报》统计了1000年来世界上最富有的50个人，有6名中国人入选，伍秉鉴就是其中之一。

红顶商人——胡雪岩

胡雪岩（1823—1885年），本名光墉，安徽绩溪人，因在杭州经商，寄居杭州，幼名顺官，字雪岩，后被清政府赐予"红顶商人"的称号，近代"徽商"的

杰出代表。

胡光墉幼时家贫，以靠帮人放牛为生，长大成人后，经人举荐到杭州于姓钱肆当学徒，得肆主赏识，擢为跑街。咸丰十年（1860年），由于肆主家没有后代，因而肆主临终时，将整个钱庄赠送给他，于是他开始开设阜康钱庄，并与官场中人往来，成为杭城一大商绅。咸丰十一年（1861年）十一月，太平军攻杭州，光墉从上海、宁波购运军火、粮米接济清军。当时担任浙江巡抚的左宗棠任命胡雪岩为总管。主持全省钱粮、军饷，因此阜康钱庄获利颇丰。京城内外诸位大臣，都将钱存在阜康钱庄，存进的钱不计其数。他还协助左宗棠开办企业，主持上海采运局，兼管福建船政局，经手购买外商机器、军火及邀聘外国技术

红顶商人胡雪岩

人员，从中赚取大量回扣。他还操纵江浙商业，专营丝、茶出口，操纵市场、垄断金融。到了同治十一年（1872）阜康钱庄分店达20多处，遍及大江南北。资金2000余万两，田地万亩。由于辅助左宗棠有功，曾授江西候补道，赐穿黄马褂，成为一个典型的官商。同治十三年，筹设胡庆余堂雪记国药号，光绪二年（1876年）于杭州涌金门外购地十余亩建成胶厂。胡庆余堂雪记国药号，以一个熟药局为基础，重金聘请浙江名医，收集古方，总结经验，选配出丸散膏丹及胶露油酒的验方400余个，精制成药，便于携带和服用。当时，战争频仍，疠疫流行，"胡氏辟瘟丹""诸葛行军散""八宝红灵丹"等药品受到广大民众的欢迎。其所用药材，直接向产地选购，并自设养鹿园。胡庆余堂成为国内规模较大的全面配制中成药的国药号，饮誉中外，从而推动了中国医药事业的快速发展。

光绪八年（1882年），胡光墉在上海开办蚕丝厂，耗银2000万两，高价收购国内新丝数百万担，他几乎垄断了丝业的所有贸易。这一举动惹怒外商，他们联合拒购华丝。又由于海关海运都掌控在外国人的手中，蚕丝无法直接对外销售。第二年夏天，蚕丝无奈之下只有贱卖，亏损钱银高达1000万两，耗损过半的家产，因为银行周转不灵，因而导致更严重的后果。各地官僚竞提存款，群起敲诈勒索。十一月，各地商号倒闭，家产变卖，胡庆余堂易主，宣告关门倒闭。接着，慈禧

太后下令将其革职查办，抄家治罪。胡光墉遣散姬妾仆从，姬妾仆从宁死都不离开胡雪岩，显赫一时的一代豪商胡雪岩，最终穷困潦倒。倒是他精心创下的胡庆余堂，至今仍以其"戒欺"和"真不二价"的优良传统矗立在杭州河坊街上，钦差大人文煜为了保存这座国药国库，帮助胡雪岩接管胡庆余堂。善良的百姓，至今仍因胡庆余堂而传颂着胡雪岩的助人事迹。

　　胡雪岩的一生，极具戏剧性。在短短的几十年里，他由一个钱庄的伙计摇身一变，变成闻名于清朝朝野的红顶商人。他以"仁""义"二字作为经商的核心，善于随机应变，诚信经营，使其生意蒸蒸日上；他富而不忘本，深谙钱财的真正价值，大行义举，在赢得美好名声的同时，也得到了心灵的满足；他经商不忘忧国，协助左宗棠西征，维护了祖国领土的完整；在救亡图存的洋务运动中，也包括他的一份力量，建立了卓越的功勋。当然，他也不能摆脱商人以利益为目的的俗套，并且过着极为奢靡的生活。但毕竟人无完人、瑕不掩瑜，胡雪岩这位了不起的商人身上还是有许多值得今人学习的东西。

知识链接

传统老字号商号权的保护

　　传统老字号，是中国优秀传统文化中一朵耀眼的奇葩。它不仅蕴含着中国传统的物质文化、行为文化以及经营主体的价值观念、道德风尚、行业修养、民族情感等观念文化，还蕴含着宝贵的无形财产，因为它是经营主体长期培育的商业信誉的载体，而且还具有商标性质。随着人们越来越重视知识产权的保护，在日常商业活动中日益体现并强化品牌意识的同时，老字号也受到了很高的重视。由此也引起了一些纠纷，如近年来的天津泥人张、狗不理包子、杭州的张小泉剪刀、上海的冠生园食品、吴良材眼镜等。一方面反映了传统文化和工艺的价值在市场经济条件下的彰显，另一方面又提示我们在理论和实践中应当重视这些"老传统"带来的"新问题"，这些传统遗产在参与经济全球化的今天将愈显其重要作用。因此，保护传统老字号，于理于法、于公于私，都具有重要意义。

清代皇商范毓䄘

要想追溯清朝皇室的起源，那就必须从清朝的崛起与入关开始谈起。在入关之前，因为地处偏僻的东北，在战争中供应的物资大部分还是依靠和内地贸易中以及战争中抢夺而来。在满人征服内蒙古各部以后，与内地的贸易规模进一步扩大，当时的张家口是清政府和八旗贵族与内地商人做买卖的重要贸易场所。这种贸易使满洲贵族集团与内地商人发生了联系并建立了相互依存的关系，出现了许多大商人，这些商人多是山西人，范毓䄘的祖先范永年就是其中之一。满人入关后，宣召这些商人进北京，由皇帝赏赐给衣服、钱物，并受内务府的委托，负责采购皇室所需的皮货用品等。这些商人为了依靠清政府的权势，纷纷自愿归入内务府旗下，以每年上缴给内务府100两纹银为代价，以示效忠清政府的决心。这些隶属于内务府的商人常常凭借手中的特权，在采购货物过程中，强取豪夺，牟求暴利，最终成为社会上的富商巨贾。

山西介休的皇商范氏从范永年开始从事与满洲贵族贸易以及为皇室购买物品，经数代传至范毓䄘时，又得到一个巨大的发展。范毓䄘是一个眼光独到，拥有商业头脑的奇才。范毓䄘承袭了祖先的遗业，总结了范氏几代经商的经验，加之他又留心内地和边境地区的物产贸易状况，于是着手扩大范氏的经营规模和范围，他把采买经营的范围从东北、华北扩大到长江流域各省市。而且他抓住时机，在康熙末年发兵征讨葛尔丹的战争中承担了向前线运送军粮的任务。在康熙三十五、三十六年（1696、1697年），在清军征讨噶尔丹的战役中，由于军粮供应不及时，而无法获得决定性的胜利。在著名的昭莫多之战中，竟有清军士卒饿死的现象，军队因粮饷无法供给，不能继续深入，以至于贻误了战机。当时由于负责运粮的官吏从中舞弊，侵吞粮饷，谎报运费，中饱私囊，所以粮饷运输不仅缓慢，而且运一石米需要120两银子。范毓䄘经过筹划和精缜核算，他认为哪怕一石米只要40两纹银的运费，也会有利可图，于是将运送军粮的重任承接了下来。他自己出资招雇人夫，准备车辆、牲畜、器具、食物，经过认真准备，然后率领运粮的队伍经过长城，出大漠，在北方苦寒干旱的地区长途跋涉。由于事先经过周密计划和认真准备，加上严密的组织纪律，终于完成了艰巨的运粮任务，为平定葛尔丹的叛乱立了一功，而且从中获取了大量利润。后来在雍正年间，他又承担了清军征讨噶尔丹策略的军粮运送任务，也出色地予以完成。范毓䄘凭靠雄厚的资财和丰富的实践经验，乘着运粮特有的机会和条件，和当时的其他商人一样，放手经营，大发其财。因为军队远征在外，物资奇缺，物价昂贵，范毓馪在运送军粮同时，捎带运送一些日用百货贩卖给军队的将士们，赚取了不少利润。商人通过私运货物牟求利润的行为本是不对的，然而，偏偏官府离不开商人的帮助。由于范毓馪经营得法，在乾隆时又几次承担了运粮的任务，并因为范家运粮可以先为政府垫款，政府特许他在途经各地自行采买物品，回京领销，通过沿途廉价采买货物，回京后高价销售又赚取一部分额外钱财。范氏从清朝定都北京，即由范光年充当皇商，到范毓馪时已有百年时间，已经积累起巨大财富。范毓馪不仅有远见卓识，不避艰险，承担起运送军粮的任务而取得了成功，而且他目光远大，并不满足于所取得的成绩。在承办运送军粮的任务同时，着手为清政府采买铜料，作为铸钱的原料。当时铜料采买的来源共有三处：国内主要从云南采买；国外多由日本采购；有时也会去越南等地采购。由于范家有雄厚的资产，而且范毓馪不怕风险，出外采买洋铜，清政府规定外出买铜的船只可以携带一定数量的药材、绸缎，从事海外贸易，这些东西在国外价格极高，这样范家的采买队伍来回都大得其利。铜可兑税，并可在市场出卖十分之四。除了充当买办皇商之外，范毓馪还加入了当时主要商人所经营的行业——煮盐业。范氏从事盐业经营较早，在长芦、西北都有盐场，加之贩卖私盐，压价收购，抬价出售、趁火打劫，坑害煮盐户，灶户必须售给官商，在当时这类行业都是高利润行业，加之范毓馪卓越的经商才能，最终使范氏家资巨万，兼并了不少其他经营不善的民商、皇商，经百年而不衰。范氏经营的商业范围，除铜、盐以外，还承担了在张家口外穆斯峡、胡苏台等地经营伐木业，拿着由内务府和工部所颁发的凭票，他轻而易地便可砍伐和运输大批木材售往内地。并承担了内务府派充的市马，销售人参等商业活动。清代皇商范氏当时经营的方面很广泛，不论畿辅腹地、偏远边疆，也不论内贸、外贸，都有着这个家族经商的记录，所有这些活动，都是在清王朝特许和支持下进行的，范毓馪更是如鱼得水，纵横捭阖，称雄于商场上。

清代皇商范毓馪与政府的关系是互相依存、互相利用的，清政府因为官僚的无能和在经济活动中容易产生贪污舞弊等弊端而借助于皇商的才能和力量从事官方的经济活动，皇商则依靠政府给予的特权，凭借其地位，欺压良善，欺行霸市，垄断物品的生产和销售，并经营某些政府所禁止经营的货物，从中牟取暴利。范毓馪是一个有才干的皇商，他通过向政府捐款、贿赂官吏，从中获得许多特权，并承办了一些皇差，凭手中的特权而大发其财，（当然也与他本人的才干有关）终于使范氏成为著名的富商。为了巩固其地位，转而

通过捐纳、科举等种种途径跻身于统治阶级的行列，进入仕途。作为富商，范氏家族过着钟鸣鼎食的生活，婢童数千，结交官宦；作为官员，一掷千金，奢侈淫逸，无人能及。后来，范氏家族被抄家直至消亡的原因也是来自清政府封建经济的衰亡。由于清王朝对商人和商业资本的压制打击而破产，财产被政府查封，范氏子侄在政府中的任职被革除，显赫100多年的皇商大家族就这样泯灭了。

知识链接

卖酒商人郭节

清朝时期，在江西万安县的一个小村庄里，一个名叫郭节的人开了一个卖自酿酒的小酒铺。由于他的酿酒工艺乃是祖传，因而他酿造的酒都很香醇，闻名千里，人人都来购买他酿的酒，生意很红火，盈利颇丰，成为当地有名的富人。尤其重要的是，他不仅酿造的酒香醇，而且为人诚恳，从不弄虚作假。有的人家让仆童或者婢女来买酒，郭节一定要问是不是给自己买的，自己能不能喝酒，并认认真真地按量打满，还嘱咐他们不可偷喝主人的酒，免得受主人的责罚。有的童仆或婢女在路上洒了酒或者打破了酒瓶酒罐，郭节就从自己家里取来酒瓶，再灌满酒瓶酒罐，也不收钱，让他们拿回家去，免得受主人的打骂，所以附近居民都被他的忠厚所折服。村中凡是有聚集在一起饮酒的人，一定会到他的酒店中合饮。有一次，村中有几人数次来到他们的酒馆聚饮，商量一件事又决定不下来，坐在一块叹气，脸上很不愉快。郭节问道："你们为什么好几次在一块聚饮，什么事情如此棘手，相互忧愁叹气？"聚饮的人说："我们担保一个人借另一个人的钱，结果借钱的人到了时候还不起人家的钱，将要打官司，打起官司来，两个人都要倾家荡产，这件事牵连到我们，我们正因此事苦恼呢！"郭节又问："借贷了多少钱？"众人回答说："连本带利共400两白银。"郭节说：

"这有什么可发愁的呢？"立即拿出了400两银子借给他们，而且连字据也没写，这样借贷双方和担保人的问题都解决了，都对郭节的大义表示万分感谢。于是他们都传诵郭节的美德，这样就免费为他的酒铺作了广告，郭节酒铺的生意更好了。四年以后，借款的人归还了郭节借出的400两银子，也没有给利息，郭节也不计较。有一次，有一个过路的人携带巨款经过郭节的酒铺，恰逢天下大雪，不能再赶路了，听人们说卖酒的郭节是忠厚的长者，就到他酒铺中借宿，大雪一直下了好多天，郭节每天都叫客人相互赌博赢钱，用赢来的钱买酒肉吃，客人赌博大多输了，私下里不高兴地自言自语："卖酒的人并不是一个忠厚的人。我已经输了，还叫我大吃大喝，难道要把我所带的钱都输光吗？"天晴后，客人将要离开了，郭节就把客人赌博所输的钱全部奉还给客人，笑着说："主人怎么能拿客人的钱买酒肉吃呢？天太冷了，不说赌博，你就不会放开吃喝，所以假称赌博。"

有一个精通阴阳五行的术士能够预先知道人的死期，先后共有6个人都确实像他说的那样死掉了。郭节按他所说的也快到死期了，他让人摆下酒席，把以前自己所买土地田舍的主人们一一找来，对他们说："我以前买你们的土地房屋，你们心中愿意吗？你们认为价格公平吗？现在你们谁想要赎回去就按照地契上的原价赎回去，钱不够我可以让孩子们借贷给你们。"又把儿子们叫来让他们借钱给无钱赎买田舍的穷人，并立下字据，本息多少，一一写明，能还的不收利息，不能还的立借据，并告知这些人，他这样做的原因是不愿意看到自己的后世子弟以此压迫他们。到了死的那一天，郭节把亲戚朋友都找来，自己洗了澡，换上新衣服，神色平和得如同往常一样，亲戚朋友在一旁看护，到夜深了也没有发生什么事情，亲朋好友才散去了。可是那个精通阴阳五行的术士前面预言将死的人都死了，只有郭节活了下来。郭节一边卖酒为生，一边闲来无事的时候便赌博作游戏，他只与自己的三个儿子一块赌博作游戏，从不与外人赌，有人问他为什么这样做，他说："让孩子们自己玩，不然的话，就会到别人家里去赌博，那样就把我的家产输光了，在家里赌，家产总是自己的，可以永葆基业。"当时的

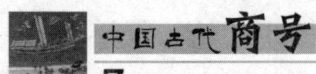

人都认为他大难不死，必有神仙保佑，又认为他与儿子们聚赌的行为很怪诞，但也很有道理，人们口口相传，越传越奇，都愿意到他酒铺中聚会饮酒，使他的卖酒生意越做越大，越做越好，成了当地的巨富人家。

第三章

古代商团组织与商帮商会

　　随着商品经济的发展和商人社会地位的提高，相应商人的社会活动也日益活跃起来，商人们在社会上经常抛头露面，成为社会活动最为积极的参与者，有时甚至是组织者。商人们的团体即社会组织，主要的是由于商务的关系或地域的关系而形成的，其形成和发展也有其自身的过程和规律，经历了一个不断壮大、逐步完善的过程。

第一节 商帮

商帮的出现

在先秦时代，就曾出现中国商人经商活动的足迹。但是，在明代以前，我国商人的经商活动，仍处于单个并分散的状态，没有出现具有特色的商人群体，换句话说，有"商"而无"帮"。自明代中期以后，由于商品经济的发达，商路的开辟，商品流通范围的扩大，商品数量和品种的增多，传统"抑商"政策的削弱，商人地位的提高，商业在世人观念的转变，商人队伍的扩大，商业竞争的激烈，各地先后崛起了一些商人群体——商帮。

知识链接

大盛魁商号

大盛魁商号是由王相卿和祁县的史大学、张杰创办，是清代对蒙贸易的最大商号，极盛时有员工六七千人，商队骆驼近两万头，活动区域包括喀尔喀四大部、科布多、乌里雅苏台、库伦（今乌兰巴托）、恰克图、内蒙各盟旗、新疆乌鲁木齐、库车、伊犁和俄国西伯利亚、莫斯科等地，其有非常雄厚的资本，声称其资产可用五十两重的银元宝，铺一条从库伦到北京的道路。

第三章　古代商团组织与商帮商会

> 大盛魁的创办人并不是什么富商大贾，而是三个小贩。原来，在康熙时期，清政府在平定准噶尔部噶尔丹的叛乱中，由于军队深入漠北，"其地不毛，间或无水，至瀚海等砂碛地方，运粮尤苦"，因此允许商人随军贸易。在随军贸易的商人中，有三个肩挑小贩，即山西太谷县的王相卿和祁县的史大学、张杰。尽管他们没有雄厚的资本，业务很少，但是他们童叟无欺，有着极为周到的服务，生意倒也红红火火。清兵击溃噶尔丹军后，主力部队移驻大青山，部队供应由山西右玉杀虎口往过运送，他们三人便在杀虎口开了个商号，叫作吉盛堂。康熙末年改名为大盛魁，这就是大盛魁商号的创始经过。

"商帮，是以地域为中心，以血缘、乡谊为纽带，以'相亲相助'为宗旨，以会馆、公所为其在异乡的联络、计议之所的一种既'亲密'而又松散的自发形成的商人群体。"我国封建商品经济发展的最后一步标志就是商帮的出现。

商帮的萌芽形式是以血缘关系为基础的亲缘组织——商人家族。在传统的中国社会里，"土地不单单是自然物，而且蕴含着对家族祖宗认同的血缘亲情意识，体现着一种源远流长的人文精神。人们对家族祖宗的认同意识，促使着对土地的依恋和归属"。

商帮的特征

由亲缘组织延伸开来，便是以地缘关系为基础的地缘组织——商帮。由于籍贯相同而具有相同的口音、相同的生活习惯，甚至相同的思维习惯以及价值取向，进而形成同乡间独有的亲密感。自古就有把"他乡遇故知"视为人生四大乐事之一，俗话说"亲不亲，家乡人"，都表明拥有传统意识的中国人对乡土观念有着极为浓厚的感情与认知。商帮就是建立在地缘基础上的商人组织。按地域划分，有所谓本帮和客帮的区别；按行业划分，又有行帮的区别。明清时期先后活跃在商业领域的著名商帮有十多个，如山西商帮、陕西商帮、山东商帮、福建商帮、徽州商帮、洞庭商帮、广东商帮、江右商帮、龙游商帮、宁波商帮等。晚清在上海的商帮多达20多个，其中包括宁波帮、绍兴帮、钱江帮、金华帮、徽宁帮、江西帮、湖北帮、湖南帮、四川帮、南京帮、扬州帮、江北帮、镇江帮、苏州帮、无锡帮、常熟帮、通州帮、山东帮、天津帮、山西帮、潮州帮、建汀帮和广东帮。

徽商大宅院

以徽商为例。徽州地狭民稠，有着极为稳定的社会环境和极其强大的宗族势力，要想通过买卖与兼并的形式获得土地很难。因此，为了生活，徽州的各宗族成员只好前往外地谋求出路。徽州大族率先投入商业，这一方面是因为人丁繁衍造成的寻求生路的压迫感；另一方面则因为他们容易筹集资本，冒得起风险，且易得到在外地为官的徽州人的帮助。从徽商资本的来源看，包括家庭固有的资本，或是婚姻资本，如歙商吴烈夫"挟妻奁以服贾，累金巨万，拓产数顷"；郑铣之弟郑铎"善贾而无资，铣语妇许，尽出奁具授之铎，贾荆扬间，业大振"。或是亲戚族人的借贷资金，如许积庆"处昆弟笃恩，委财利为外物，九族贾而贫者多惠贷，不望其息"；王悠炽"房叔、房弟某某合伙经商，各移五百金为资本，悠轸其困于遇，折券还之"。在商业技术的传承方面，宗族更是起到显而易见的作用，许多商人的经商能力都是在同宗前辈商人的言传身教下逐渐养成的。徽人有极为强烈的宗族意识，通常情况下，一个族人的年轻子弟都会共同经商，而经商成功的人还会将带动其他宗族成员共同致富当作自己应尽的责任。号称"豪商大贾甲天下"的晋商，也多以家族式经营为主。时至近世，工商业中家族式经营仍非常普遍。如浙江镇海方氏钱业家族，最早（约1796—1820年间）由方介堂开始经营粮食，杂货买卖，而后至上海经营食糖、开设义和糖行，并招族内子弟多人前往沪协助经营。方介堂死后，他的族侄方润齐、方梦香两人设萃和糖行和振承裕丝号。1830年前后，方润齐在沪设立履和钱庄，兼营土布及杂货。方润齐、方梦香去世以后，又由他们的七弟方性斋接管家族的各项企业，并陆续增开钱庄多达25家，从而奠定了方家在上海等大商埠的企业基础。方家另一支为方介堂的族弟方建康，他最初在上海设泰和糖行，死后由其子方仰乔继承，营业范围拓展至钱庄业，鼎盛时期达18家之多。方氏家族

的两支都是由商业而钱业，再扩展至其他各业，经营范围涉及糖业、沙船、银楼、绸缎、棉布、药材、南货、渔业、书业、地产业等领域，以上海为中心，旁及杭州、宁波、绍兴、汉口、南京、沙市、宜昌、湖州、镇海等地，形成了一个庞大的家族企业网络。

商帮通常具有共通的属性，如在其他城市建立会馆或公所；都有自己崇拜的神灵或先贤；大都有共同恪守的经营理念；有本帮的主导行业；等等。当然脱胎于各自的地域文化母体，各商帮在商业经营上又具有属于自己的特色，有的商帮以恪守贾道、诚实经营见长；有的注重预测行市、垄断市场；有的擅长经营新兴行业；有的以武装贸易为形式；有的对文化教育非常重视，以接受新知识见长。

知识链接

古代商帮的没落

曾在历史上风云一时的商帮，因为它们的经营模式过于陈腐，无法适应新形势的要求，因此注定走向没落。以晋商为例分析，其衰落的原因主要有四点：

（1）沦为封建政府的附庸，商业模式单一。明朝初期，晋商借明朝统治者为北方边镇筹集军饷而崛起，入清后充当皇商而获得商业特权，后又因为清廷代垫和汇兑军协饷等而成为金融界的泰斗。总而言之，明清山西商人始终靠结托封建朝廷，为其服务而兴盛。但当封建朝廷走向衰亡时，山西商人也必然祸及自身。

（2）"以末致富，以本守之"的传统观念，束缚了晋商的发展。晋商资本流向土地，在明代已屡见不鲜。入清后，许多晋商都大肆购置土地。有民谣称："山西人大褥套，发财还家盖房置地养老少。"所谓"大褥套"是指形同褥子的布套，也可搭在牲口背上供人骑坐。这句民谣反映了晋商外出经商致富后归还故乡盖房置地养老少的传统观念。在这一传统观念支配下，其商业资本是不利于向近代资本发展的。

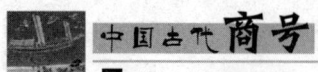

(3)墨守成规，思想保守。随着外国资本主义的侵入，旧有的商业模式已被打破，为了求得自身健康稳定发展，就必须要加快改革，与当代潮流相适应。但是，由于晋商中一些有势力的财东和总经理思想顽固、墨守成规，以致四次丧失票号改革机会。

　　(4)投资周期过长。20世纪初，晋商中一些有识之士投资民族资本近代工业，但由于受到当时保矿运动的影响，其资本主要投入了煤矿业，而不是投资少、周转快、利润高的棉纺、面粉、卷烟等轻纺工业，导致资金大量积压，陷入困境。

第二节 会馆

会馆的出现

　　明清时期，商人的社会势力在各个社会阶层中已明显地表现出来，最集中的表现就是他们开始有了属于自己的正式团体——会馆。

　　所谓会馆，就是指流寓异乡的同乡人共同创建的专门提供同乡人集会、寄寓的休闲场所。其实，在中国历史上很早就出现了会馆，但当时不称之为会馆，也不是由商人组建的。其产生与科举制度密切相关。

　　科举是中国封建社会选拔文武官吏的一种制度。隋炀帝时开始设立进士科，唐代在设置进士科外，还增设了秀才、明法、明书、明算诸科。到明清时，科

举考试制度更为严密和完备，每逢"大比之年"，便有各地文武举子进省城或京城应试。除此之外，还有大批的商人也来到省城和京城做生意。这些人远行来到省城，到京城路途则更远，大多数考生只带着非常有限的银两作为进京赶考的盘缠，在省城、京城投宿"虽一榻之屋，赁金却不下数十楮"。好一些的住宿，价钱则更高，导致许多进京赶考的投宿者们没有足够的盘缠去旅店住宿。就是那些做生意的商人们，也大多无法支付过于昂贵的房租，于是经济上的原因和乡土观念，促使举子和商人们期望能有一个凭借同乡之谊且能相互照应的理想住处。于是就有人开始着手建立能供同乡居住、休息场所的事宜。明朝嘉靖年间，在北京就开始出现了专供外地人居住、聚集的场所，人们称之为"会馆"。后来这样的会馆不断出现，到了明朝万历年间，在北京就出现了"其乡各有会馆"的情况。据统计，在整个明朝，北京有多达50所会馆。

知识链接

大德恒票号

大德恒票号是晋商乔致庸创办的产业。乔致庸（1818—1907年），字仲登，号晓池，是乔全美之子，乔贵发之孙，乔家第四代人。时人称之为"亮财主"，生于嘉庆二十三年（1818年），卒于光绪三十二年（1907年），是乔门中最长寿的人。出身商贾世家，自幼父母双亡，由兄长抚育。敦厚好学，本来想通过科举考试光耀门庭，但他刚考中秀才，他的兄长就去世，乔致庸只好弃文从商，挑起理家、理财之重担。

会馆的发展情况

清王朝建立之后，统治者依然奉行科举制度，考试的科目和次数都有增加，参加考试的人也越来越多，于是会馆也跟着多了起来。据清朝人吴长元

山西会馆

《宸垣识略》记载，从清朝入关到乾隆年间，北京的会馆就发展到了180多所。到光绪年间，发展到了将近400所，几乎全国各地的异乡人在北京都建立了自己的会馆，有的一个县就建立了好几所。

据统计，北京到民国时期尚存有各地会馆的情况是这样的：直隶（今河北省）12所，山东8所，山西35所，河南13所，江苏26所，安徽34所，江西65所，浙江34所，福建23所，湖北24所，湖南18所，陕甘26所，四川14所，广东32所，广西7所，云南9所，贵州7所，绥远2所，奉天1所，吉林2所，新疆1所，台湾1所。因清政府有满人居内城、汉人居外城以及内城禁止喧嚣等规定，致使原先在内城建立的会馆被全部废除，而南城正阳、崇文、宣武三门一带的商业繁华区则成为会馆最集中的地方。

除北京之外，其他的一些城市也都建有多少不等的会馆，例如仕商辐辏的大都会之一的苏州，在明朝万历年间也修建了会馆，后来发展到了90多所。到清末，广州、重庆、上海、汉口、天津等地都建有会馆。

会馆的建立

会馆的建立主要是出于维护同乡人利益的，商人并不是会馆的唯一发起

人，其活动的内容也不只限于商务，当然因会馆性质不同，也会起到不同的作用。关于会馆的建立和发起人有如下几种情况：

1. 纯属商人发起组建的

这类会馆是商人为了保护本地或本行业商贸利益而创建的。就北京地区来说，早期的会馆都是为赴京投考的人所建，一般是在京任职的官僚集资为其家乡人所建，与商人本身的利益没有什么关系，不过到了清代时期，商人发起并出资兴建了许多会馆。北京之外的其他城市，由于兴建会馆的时期都比较晚，最初就是由商人创办。

至于商人创办会馆的动机，在现存的一些会馆碑刻中说的是很明确的：

会馆之建，非第春秋伏腊，为旅人联樽酒之欢，叙敬梓恭桑之谊，相与乐其乐也。

会馆之设，所以联乡情，敦信义也。

会馆之设，所以展成奠价，联同乡之宜，以迓神麻也。

建设会馆，所以便往还而通贸易，或货存于斯，或客栖于斯，诚为集商经营交易时不可缺之所。

总体来说，建立会馆就是使同乡之人在外做生意有可落脚的地方，同时同乡之人聚集在一起，联络感情、增进友谊，更好地团结协助，共同经商。常言说："人情聚则财亦聚。"创建会馆的最终目的还是为利益服务。

这类会馆建立之后，商人们就以此为活动场所，不管大小事情都到会馆里来做。当然主要的还是进行与业务有关的活动，比如议论商情、讨论物价及贮存货物等。清朝在天津成立的山西会馆，是地方上有名的大会馆之一。这个会馆是由山西的"十三帮四十八家"巨商组建的。十三帮包括盐、布、票、铁、锑、锡、茶、皮货、账、颜料、当行、银号、杂货等。他们每年有定期的团拜聚餐，各帮每月在固定的日期里举办一次聚会，在聚会中进行商务活动，这已成为惯例。

2. 由官僚政客与商人共同发起组建的

这类会馆为数不多，它不仅为商人服务，也为官僚士大夫服务。例如在苏州的江西会馆，由江西的官商于清嘉庆年间合建，在《重修江西会馆碑记》中这样写道："我乡官于斯，客于斯者，咸捐资斧，踊跃相从。"其中商人捐资的，包括江西的麻货商、纸货商、炭货商、漆器商、磁器商、烟商、布商等商人。清末在天津建立的云贵会馆，就是由陈夔龙（直隶总督、北洋大臣）、蔡述堂（大商人）和曹家祥（袁世凯时办警察）等发起组建，每逢新年在总督衙门举行团拜，有时多达四五百人，这些人都是陈的属员及府、道、县等同乡。

3. 由官僚政客发起组建的

这类会馆可以说是与商务活动毫无关系，不过，本地商人也会为创建会馆投进去一部分资金。所建的时期也大都在清末民初。如天津的山东会馆是由军阀靳云鹏（段琪瑞执政时的国务总理）、孙传芳、董政国、王占元等发起组建的；江苏会馆是由大官僚盛宣怀、御史吴大澄等发起组建的；安徽会馆是由杨士骧（直隶总督）、袁大化（军阀）发起组建的；浙江会馆是由严信厚（盐运史）、张振起（铁路总办）发起组建的；广东会馆是由唐绍仪（盐运使）、梁如浩（海关监督）发起组建的；等等。他们发起组织会馆时，都是以联络乡谊、共谋同乡福利为号召，实际上是为了笼络同乡，建立自己的集团势力，会馆在一定意义上成了他们从事政治活动的舞台。因此，在这类会馆中，话题主要围绕政治内容开展。

会馆的管理与活动

各会馆吸收会员当然是以同乡为主，入会的同乡要经过登记入册，并按时交纳会费，从而拥有会员的资格；也有的会馆不交纳会费，只要是同乡都可成为会馆一员。

会馆的管理制度包括以下三种：一是值年制，即由董事轮流负责管理，每人一年，叫值年；二是共管制，即因地域不同，如同是一省，但不同州县，这样便由各方派出相等人数协同管理；三是董事制，即规定出董事名额，按分配制度，如商界若干名、政界若干名、洋行若干名等，然后经过会员选举产生。

会馆除了商人们聚集联络、商讨业务之外，平时最主要的活动就是搞一些公益事业，就是说绝大部分会馆，几乎都把办理善举、对同乡实行救济、安排生老病死作为头等大事。因而各个会馆在建立之初就会对公益、救济等善举制订出一系列章程和制度。如对同人贫困者规定："年老无依者，酌量周

助，遇有病故，助给棺殓费。无人搬柩者，代为安葬。其经费由同业捐资，并不在外募派"；商人外出经商，家乡子弟随同而来，为了让这些人受到教育，会馆还设立有义塾、学校，其经费也来源于同乡捐助。

会馆既然由富商创立，就不必担心经费用度，因而大多数会馆的建筑规模在当地看来都是非常讲究的。当然，由于创建会馆的商人具有不同的经济实力，其规模自然也是有大有小。一般来说，大的有三四层院落，其中有纪念祖先的乡贤祠、有吟诗作赋的文聚堂、有迎客宴宾的思敬堂，还有进行喜庆活动的大戏台，以及花园、山石、水池、亭榭等；小的会馆也有十几间、几十间房屋。会馆内配有各种各样的木质家具和一些日常生活用品、用具。

会馆的性质

会馆是商人们所建立的地域性组织，是商人集会活动的场所，其主要职能就是联谊并举办一些为同乡服务的公益事业。根据我们前面叙述的情况，就会馆的性质可以归纳为下列几点：

一是地域性。会馆是由同乡商人所组建，其成员当然是吸收同乡人，形成了一个以同乡为主的地域性很强的组织。这样做的目的就是维护同乡人在外经商的利益。

二是商业性。发达的商业是会馆出现的主要原因。各地经商者的增加，商业活动在不断扩大，到外地经商的人日益增多，因此要求建立自己的组织和固定的活动场所是很自然的。会馆一旦建立，商人们便立刻响应加入，使自己有了一个居住、存货、商讨业务、议定商价等的场所。因此，无论创建会馆有怎样的初衷，最终都使其体现出商业性。

三是封建性。主要表现在各个会馆都有自己崇拜的偶像和保护神，供奉着各种各样的神灵。他们所祭祀的神像，有的是本行业的祖师；有的是本乡本土的先贤。如土木商供奉鲁班、医药商供奉三皇（伏羲、神农、有熊），搞海上运输的供奉天后娘娘等。

四是政治色彩浓厚。有些会馆虽有商人参加，但是由官僚政客所组建

重庆湖广会馆戏曲活动

的。商人参加是以同乡的身份，而并非是出于业务上的需要。有些会馆原本是由商人发起组建的，但是后来因为某些有声望的官僚加入，会馆活动的内容逐渐由官僚所把持。如军阀孙传芳、黄政国，政客南桂馨、靳去鹏等，都曾是天津一些会馆的领军人物。

在中国历史上，有不少名人在会馆居住或曾经在会馆参加过活动。明朝名相张居正，其故居是全楚会馆；清初学者朱彝尊，其所写北京史专著《日下旧闻》就是在北京顺德会馆内的古藤书屋编纂的；近代史上的著名诗人和思想家龚自珍的故居是北京宣外上斜街番邑会馆；清末戊戌变法的主要人物梁启超，18 岁入京赴春闱，住在北京永光寺西街的广东新会新馆；民国元年，孙中山先生北上途中抵津莅临广东会馆并登大戏台演讲，到达北京后，则憩息于宣外珠巢街的香山会馆；初到北京的鲁迅先生，有长达 10 年的光阴就曾居住在南半截胡同的绍兴会馆内，他的《狂人日记》等作品，就是在这里写成的。

由于会馆是地域性的组织，其人员复杂，业务不一，什么样的活动只要是同乡进行的就有可能在会馆里进行。所以，会馆并不适合作商人最理想的活动场所。

知识链接

会馆与戏剧的发展

康熙六年（1667 年），江浙商人在正乙祠银号会馆内创建了戏楼，距今已有 300 多年的历史了。京剧创始人程长庚、谭鑫培、卢胜奎及梅兰芳、余叔岩等大师，都在这里演出过。宣武门外大街路东的江西会馆，馆匾是人称"辫帅"的江西人张勋所题。馆内戏楼前建了可容纳 2000 多名观众的罩棚。这里曾是京城最活跃的戏剧演出场所。20 世纪 20 年代，鲁迅先生曾多次来这里参加与友人的聚会和看戏。俞平伯、吴梅等名士也在这里以票友的身份演出过昆曲。

清末民初，因为创建了专门演出的场所——戏院、剧场，会馆的戏剧演出才走向没落。但会馆的戏剧活动在北京戏剧的发展史上，留下了不可磨灭的一页。

第三节 公　　所

公所的出现

会馆的主要职能就是联谊。随着业务的发展，同乡之间的聚会已不能满足于商人的需求，而是从商贸业务的角度来谋求发展，于是出现了打破地域界限，以相同的行业组织在一起的团体，这就是公所。

大约在清朝中期，才有了公所的出现。它的出现是以两种组织为基础的，一个就是前面提到的会馆，比较明显的就是清朝乾隆年间之后，大批的会馆转化为公所；再一个就是"行"，前面叙述了行是在唐宋时期产生、发展起来的，到明清时期行仍然存在。我们说行是一种由官方对工商业者实行有效管

淮军公所修缮

理的组织形式，比如明朝从永乐时期开始，就一直十分严格地管理着行户户籍，规定每10年对行户户籍清审一次，嘉靖以后改作每5年清审一次，其目的是"遇各衙门有大典礼，则按籍给直役使"，这种役使称作当行或当官。直到清朝末年，就一直有行户当行当官的情况存在。那么到了清朝的时候，公所大量的出现，一些行也纷纷组建自己的公所，行本身就是以行业为特征组成的，因此与同业组织公所有相通之处，行组织公所倒也理所应当。

公所的出现存在深刻的历史背景。清朝中叶，商品经济发展到了它的鼎盛时期，生产力提高，社会分工进一步发展，商品量增加，市场逐步扩大，特别是在城市里出现了空前的繁荣盛况，其商业活动异常活跃，商人之间也有了更为频繁的业务交流。在这种情况下，会馆等作为同乡的地域性组织，因其活动范围和能力受到限制，不能再适应和满足当时商人们各方面的需要了；而且狭隘的地域观念和浓厚的封建色彩及被官僚政客所控制的情景，极大地限制了工商业的自由发展，于是摆脱种种束缚，按行业组织自己的团体要求提了出来，所以这时期大批公所纷纷出现。据统计，截至清末，各地都有公所建立，特别以苏州、上海为多，苏州约有144所，上海有66所。在名称上，公所大都是以行业命名的，如木业公所、纸业公所、蜡烛业公所等。也有以地区命名的，实际上也是同业的组织，如苏州的江镇公所，是剃头业组织；七襄公所，是丝绸业组织等。

公所的职能

由于公所是以行业为基础组建的，行业划分也极为细致，所以公所一般也以具体的行业为主而建立，这与会馆内笼统地将一个地区不管什么行业的商人或囊括一个大行业下所有商人有着极大的区别，比如苏州有个武安会馆，它是以该籍的所有绸缎商为主组建的。而建立的公所就多了，有绸业、锦缎业、湖绉业、织绒业、绣业、丝业、染丝业等10多个公所。可见其有极其精细且专业化更强的组织划分。

就职能而言，公所和会馆就大不一样了。尽管会馆的一些职能，在公所里也可见到，如举行祭神活动、兴办义举和公益事业、开展文娱活动等，但公所最重要的职能已经转化到业务方面来了，因为它是同业组织，其所以组合在一起就是因为开展业务的需要。因此公所最重要的职能就是研究商务、开展商务活动。

第四节 行　会

行会的出现

商人组织从以地缘为基础的商帮发展到以业缘为基础的行会，是中国商业的一大进步。什么是行会？彭泽益先生曾给它下过这样的定义："行会是行帮组织，它以行业和地域性的传统联系，并以行规和习惯势力为凭借的封建团体。"在一个城市里，不仅有外乡侨居的客商建立的会馆公所，而且有本地同业商人建立的会馆公所，而前者比后者更需要建立其行帮组织，以便使同乡商人更加团结，维护本行帮的利益。所以商帮既可表现为侨居外乡的同乡商人团体，也可以是客籍商人的同业组织。前面我们已经对地域性的商帮作出了重点介绍，下面则主要讨论行业性的行会了。

知识链接

同庆丰票号

同庆丰票号是王炽创办。王炽生于1836年，弥勒虹溪人（旧称十八寨），由于家境贫困，14岁时又遇到父亲去世，最后为了生计不得不辍学从商。作为晚清赫赫有名的巨商之一，云南弥勒人王炽的一生充满了传奇。

中国古代**商号**
ZHONG GUO GU DAI SHANG HAO

> 曾经，钱王王炽的名字响彻大江南北，可叹的是，如今很多人只知胡雪岩却不识王炽。王炽一生以利聚财，以义用财，以儒治商，爱国忠君，以惊人的经商天赋和不懈的努力，最终成为一代钱王。

商业行业组织早在唐朝时期就已崭露头角。唐市制规定，同行业的商人要集中在一处营业，从而使他们有了密切接触的机会以及建立了共同的利益联系，如此一来，他们便有机地组织在一起。行头、行首、行老、行人由同行推选，官府批准，任务大概是处理本行业内外事务如承办政府分配的任务，决定行户入会，研究确定本行经营方针，组织同业宗教活动等。这个时期在行业内部还形成了共同的习惯用语。南宋时，因为旧有的城市分区制遭受到严重的破坏，因此以同业相聚而闻的行逐渐在商业中占据一席之地。"京都有四百十四行。"在京都以外，许多州县也按行业分别建立起自己的组织，称"行"或"团"。凡市肆"不以物之大小，皆置为团行"。宋代的行头职责与唐代差不多，即协助政府办理对行人的征税、科买、和雇以及平抑物价，监察违法行为等事，也代表本行会与官府打交

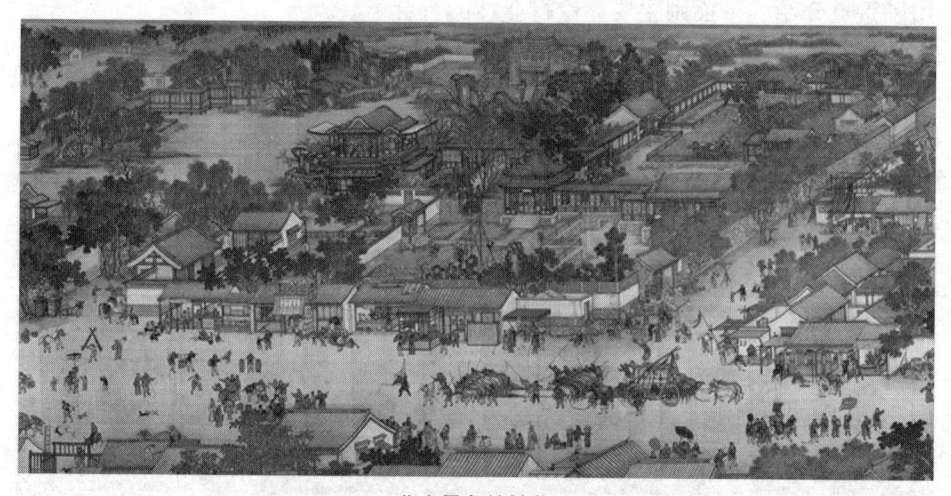

北宋景象的繁荣

道，协调商品的生产和买卖，议定价格以及处理本行其他业务问题或组织祭祀活动。13世纪70年代到90年代末，杭州共出现了12个手工业行会，如宋初建于仁和县忠清里的通圣庙就是杭州丝织业行会同行业者集议和酬神的会所。酿酒同业于宋元丰二年（1079年）在横金镇建立酒仙庙，祀杜康、仪狄；丝织业行会也于宋元丰初年（1078年）在祥符寺巷建立机神庙，名轩辕宫。

行会的主要作用

宋朝以后，随着工商业的高速发展，行业组织也有了日益壮大的规模。明代嘉靖、万历年间，北京由外省商人出资兴建一些会馆，表明商业各行的内外事务日益繁杂，为了与工商业的发展趋势相适应，应该创建一些相适配的组织。迄至清代，中国行会日趋成熟，形成了一套制度、行规，从这些行规中，我们可以了解当时商人建立行会的目的。

例如，北海的广州同乡行会在其章程序言中写道：北海之人天性贪婪、放肆，目无法纪；抢窃之事，不胜枚举，实为吾商界烦恼之事，而且一旦吾人与地方商人发生纠纷，竟无法同他们打交道。本会希望此章程之颁布，可引导由同籍贯联结一起之本会同人，统一意见、行动，并借此共勉，恪守祖业而勿堕；本会同人精诚团结，与邪恶行为势不两立，奸滑刁顽之徒最好力避本会，以免自讨没趣。由此可见，行会建立的目的主要有两方面：一是对外保护本会成员的利益不受侵犯；二是对内约束本会成员的经营行为。

商业行会的资金筹集是由行会成员对自己出售的商品进行"征税"，平均约为千分之一。有的行会实行差别税率，对某些商品征收相比其他商品高出许多的课税，比如在温州，宁波人开设的商行中，凡属行会成员出售药材者，每千文营业额征课八文，而经营豆饼的商行却只交纳其营业额的千分之二。

行会作为商业活动的仲裁机构，它扮演着执行自己制定的商业条规的角色，从而使商业讼争受到严格的限制。如某一行会的行规写道：本会公同议定，凡本会成员之间所发生的钱财方面的争端，均应服从本会仲裁，在仲裁会上将尽最大的努力就争端达成一项满意的协议。如果证明双方仍无法达成谅解，可以向官方上诉；但是，如果原告（上诉人）直接诉诸官方，而不是首先求助于行会，则该原告将受到公众的谴责，并且，行会将不再受理其想要求助于行会的任何事情。这表明，行会不仅有权裁决财务纠纷，而且对于行会成员之间一般性纷争也具有调停的职能。

行会会规中还有所谓"联合抵制"的规定：本会议决，凡会员被逐出本会，当地的某些商号不被同行所认可后，该行会将会中止曾经所有与其往来的关系。若有本会其他成员继续与其交易往还，一旦察觉，无论其出于同情或友谊，皆要受到一百两罚银的惩处。

行规的制定是由于树立商誉的需要。宁波的厦门—福建分会馆在其会规的"绪言"中写道：据说，经营有方的交易可获利3倍，而一个言而有信的人更值得尊敬。我等涉海远道从厦门来此贸易之人，多年来在宁波和睦相处，买卖为业，然自太平叛乱以后，商业道德多受漠视。如今，海内复安，我等亟须振兴行规，涤除积弊，以图大业；而垂久远，甚属重要。简单来说，这要求能被人很好地理解。商业有建立于理性上的法则，它们有助于行业内和睦共处；其增补部分已取得我们的同意。

行会的管理职能

倡导诚实经营几乎是所有行会条规的必需内容，严禁重入轻出、以次充好、搀假作弊等行为，一经查出，必予重罚。

有意思的是，对于某些违反条规者，不少行会并不仅仅给予其罚款；最多是让其演戏敬神。

如湖南省城墨店条规议定："如有乱规者，公议罚戏一部敬神，酒席二桌。"邵阳广货店条规中7条，有4条规定了对违规者的处罚是"演戏敬神"。湖南省城山货店条规中有6款讲到对违规者"罚戏一台"。我们认为，"罚戏敬神"的规定，可能是基于如下两点考虑：其一，违反行规者就是有辱祖师和神祇，而举办敬神活动就表示其改过自新的意思。其二，责令违规者交纳罚金请戏班演戏，意在于周告同人，以儆效尤。

中国传统行会具有浓厚的封建色彩，通过行规"对产销施加的限制，或者禁止从事垄断与投机的诡计，其目的是想在行乐之间维持一种均衡"，阻碍大财富的形成。行会为了禁止同行竞争的事件发生，总是充分利用行规的约束力，比如，限制同业的铺面开设地点、价格统制、限制规模和雇佣人数等。

总之，商人行会的职能，主要是通过行规的强制性作用，从流通环节上调剂商品的买卖，不许同行之间"滥市出售"，限制彼此的自由竞争，商人资本因长期面临着行会制度所设置的障碍而难以自由发展。但同时也应看到，行规有规范商人经营行为和抑制行会内部矛盾发展以及稳定行会组织的作用。

第五节 商　　会

商会的出现

商会与具有浓厚色彩的会馆公所最大的区别是：商会是 20 世纪初年各地创设的具有资产阶级民主色彩的商会。1896 年，陈炽在《续富国策》一文中提出立商部、设商会以及"恤商情、振商务、保商权"的主张。同年，张謇也在《商会议》中提出设立商会，主张"各行省宜立（商务）总会，各府宜有分会"，并报请督抚"为之主持保护"。戊戌变法期间，康有为也多次向光绪帝上兴商学、办商报、设商会的条陈。但由于当时的历史条件不成熟，所以商会并未能成功建立。20 世纪初，中国民族资本主义得到初步发展，早期资产阶级日益感到传统的商业组织对工商业发展的阻碍，他们迫切期望建立商会这样一个联络工商各业、维护自身利益的新式商人组织，提出"欲兴商务，必以各设商会，始行之有效，各商会再联一大商会，庶由点成线，由线成面，内可与政府通商人之情况，外可与各国持商务之商涉，非设商会不为功也"的主张。

各省市地区在 1898 年以后相继设立商务局，以此当作管理工商事务的准官方机构。1902 年以后，上海、广州、汉口等工商业比较发达的都市，先后创设了商业会议公所或商会公所。1904 年初，清廷颁行《商会简明章程》二十六条，谕令各省迅即设立商会，规定："凡属商务繁富之区，不论系会垣，系城埠，宜设立商务总会，而于商务稍次之地，设立分会。"到 1905 年底，全国共创设商务总会和分会将近 70 个。

中国古代商号

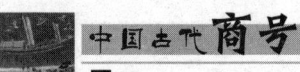

知识链接

阜康银号

胡光墉（1823—1885 年），祖籍是安徽绩溪人，因在杭州经商，寄居杭州，幼名顺官，字雪岩，著名徽商。起先，胡光墉在杭州开设银号，后来入浙江巡抚幕，为清军筹运饷械，1866 年协助左宗棠创办福州船政局，在左宗棠调任陕甘总督后，主持上海采运局局务，为了给左宗堂筹集军饷和订购军火而大借外债，又依仗湘军权势，在各省设立阜康银号 20 余处，并经营中药、丝茶业务，操纵江浙商业，资金最高达 2000 万两以上。

商会的组织与管理

商会与传统意义的会馆和公所等旧式商人组织有所不同。具体区别如下：

第一，组织成员和构成不同。公所和会馆通常是由同行业者或同地域者联合而成，有行业、帮派甚至地域之分，它们都不是同一城市所有工商业者共同结成的组织，互相之间有极为分明的界限，壁垒森严。商会则是一种跨行业的统一联合组织，不限地域和行业，从横向上把全城各个行业联络和组织成为一个整体，"商之情散，惟会足以联之；商之见私，惟会足以公之"。商会要求一般会员只要具备下列条件者即可入会：（1）行止规矩；（2）事理明白；（3）在本地经商；（4）年龄在 24 岁以上。1905 年，天津商会入会行帮有 32 行，商号 581 家。1908 年苏州商会入会行帮达 43 个，1106 个店铺作坊。可见商会在组织基础上要比会馆、公所广泛得多。

在组织构成上，会馆和公所的组织形式较为简单。商帮会馆通常推选几名董事负责日常馆务及资财，对其成员构不成任何的约束。同业公所虽然通过行规对其成员进行约束，但组织机构并不健全，内部分工也不够细致，一般仅推司年、司月和执事各一人负责日常事务。而商会作为一种相当健全和成熟的工商组织，不仅形成了由会友、会员、议董、总理协理这样的层级结

构，而且有比较细密的内部分工，庶务、会计、理案、书记、查账、纠仪、理事各司其职。同时，商务总会还有维系所属分会的职责，形成了总会、分会、分所层层控制的组织系统。

第二，基本职能不同。联络同乡感情或友谊是商帮会馆的基本职能，"相顾而相恤"，同业公所的基本职能主要在于通过制定行规章程，用强制的办法，限制行业内外部的竞争，用来维护同业商人的既得利益。例如：统一各类商品和手工业产品的价格、规格及原料分配，控制招收学徒和使用帮工的数目、限制商店、作坊开设数目等。商会则对这些严重束缚工商业发展的陈规陋习作出了突破性地建设，以"扩商权""联商情""开商智"的宗旨代替会馆公所的"联乡情""笃友谊"的口号，具备了诸如"调查商业""和协商情""研究商学""调息纷争""改良品物""发达营业""挽回利权"等职能。不同于传统的商帮、行会抑制创新、压制竞争，商会更多的是对创新竞争意识大力鼓励与倡导。

第三，传统商帮、行会具有浓厚的封建性，商会则充满了资产阶级民主气息。商帮、行会内部森严的等级制度同封建宗法关系相互渗透，使行会成员没有丝毫"法人"地位可言，主体意识更被地域和行业利益的强制性所戕杀了。商会则不同，它通常制定了严格的选举制度、财经制度和会议制度。会中都是采取无记名投票主方式推选出来，并规定每年一选。其中总理、协理由议董选举产生，议董经会员推选，会员由会友公举。得票多者当选，选票要在全体会员参加的年会上当众拆封，完全符合民主选举程序。同时，入会会员享有选举权和被选举权、表决权和建议权等内部权利。对外，会员又享有被保护权。凡已注册入会的商号，一律由商会造册送至地方官衙备案，"各商因钱债细故被控者，由本会随时酌觅担保，以免羁押之累""入会各商既已循理守法，如有土棍吏役讹诈凌压，借端滋扰商业者，本会代为申诉""凡有不便于商，损害商务，或奉行习惯，而实为病商之政，亟应整顿改革者，本会当实力办理"。当然，商会会员、会友在享受权利的同时，也必须履行交纳会费、提供建议、执行决议等义务。

商会还制定了严格的财经制度。凡收取款项，应发给收条，并由总理、协理及会议议董分别签字。每月收支月清月结。会计议董交由总、协理及其他议董稽核签字。年终时还由全体会员公开推选出二人查账，最后交总、协理当众公布，并刊册报部及分送会友，以昭信用。

商会的会议制度也体现了民主性。商会会议包括年会、常会和特会3种。

年会每年正月举行，全体会员参加，主要是总结一年的工作，推举新的领导成员。全体议董必须参加每周举行一次的常会。特会不定期举行，商议特殊紧要事项。一般情况下，总理、协理虽为最高层次的领导人，但是对重大事项也没有擅自决断的权力，必须召集议董甚至全体会员开会商议。每次集议时，必须有应到会者过半参加，否则不能形成议案。会议要求"开诚布公，集思广益，各商如有条陈，尽可各抒议论，俾择善以从，不得稍持成见"。一般会友虽不参加常会，但是可以随时"指陈利弊，条陈意见"。遇有重大事情，10人以上联合即可要求召开特别会议讨论。

会馆公所通常供奉本乡或本行业的保护神，对某些落后的内容，商会一律予以摒弃。如苏商总会章程明文规定："一应善举，无关大局，无关要义者（如布施、周济、养而不教之类），本会经费虽裕概不担任，亦不得于会中提议""一切迷信祈报之费，本会概不担任"。这些都表明商会的近代民主性质。

第四，在组织特征上，行会属于封闭性、停滞性的社会组织，商会则属于开放性、发展性的工商组织。

行会内部成员及其等级层次间缺乏正常的信息交流，并且被许多几近腐朽的行规和习俗所束缚住，对外界环境变化麻木不仁，故步自封，各行会之间更是壁垒森严，缺少交流。行会的封闭和停滞最集中地反映在技术保密和垄断上，如苏州的金线业"向有公所，以及行规"，行规规定："中行不得领学徒，只可父传子业。"再如长沙茶馆条规："带门徒三年出师后，明知各铺，方准再带，如现未出师私再带者，查出公逐，铺家公罚。"

商会组织则不同，商会内部成员和各组成部分之间不仅存在着广泛频繁的信息交流，而且与行会技术保密形成鲜明对比的是，商会还会对某些先进技术进行有意识的传播。如天津商务总会曾"将各项行情日悬会门，俾众周知"。商会对其他组织也是开放的，如苏州商会纳入了苏商体育会和市民公社；天津商会吸收"阖津水团""铺民局""民更局""绅商保卫局""天津公安总会"等组织机构。

综上所述，中国近代商会与传统的会馆、公所、商帮有非常明显的区别，是一种新式的工商组织。但是近代商会又同传统行会组织之间有着千丝万缕的联系。这主要表现在：其一，商会的创立和运作离不开会馆、公所和商帮人力以及财力的支持。商会不可能凭空产生，它是由具体的商人所组成，然而早在商会产生之前，几乎所有的商人都被纳入旧有组织形式当中了。新式商会必须面对这样的事实。如苏州商会的组织法规定，每年交纳会费300元

第三章 古代商团组织与商帮商会

以上的商帮可推举会员 1 人，多至 3 人。各大商帮还拥有自行开列会友名单报会的权力。其二，商会的骨干通常都是各会馆、公所、客帮的首领，而且各旧组织的势力大小也会反映在商会内部的任职等级上。商会中握有实权的总理、协理和议董阶层，长期掌握在几个财大势粗的行业人手里。比如清末苏州商会六届总、协理都是在典业、钱业、绸缎业和珠宝业中产生的，绸缎商尤先甲 5 任总理，钱商吴理杲则 5 任协理，而历届议董人数最多的行业也是上述几大行业。清末民初，近代商会与传统行会组织基本维持着并存和渗透的格局。当然，在这一格局背后也潜行着一种历史的运动，就是指旧式行会组织逐渐演变为具有近代意义的同业公会，同时商会得以不断扩充和重构，日益成为"民间社会"的首脑机关。中国近代商会组织的这些特色，归根结底，是由中国半殖民地、半封建社会的性质决定的。

商会是中国近代社会的产物，它表示中国工商业进入一个崭新的历史阶段，中国的商人也不再是传统的"四民社会"的末流，而成为一个阶级，成为近代社会变革的一股重要力量了。

从商帮、行会到商会，中国商人作为一个阶级正在不断茁壮成长。

知识链接

商会创立过程及法律制度

晚清以来，商人的社会地位随着社会形势的变迁而获得一定提升，商人组织的性质同样发生着相应的变化。传统的商人组织，如行会和善堂等形式的早期商人组织根据实际状况较为顺利地开始转化为近代意义上的商会。1899 年，出现了第一个有关商会的民间拟定章程《拟中国建立商业会章程》；1902 年，上海通商银行的总董严信厚组织成立了上海商业会议公所，这代表了近代商会的雏形。

1903 年，清政府设立了商部，当作统辖农工商实业的最高管理机构。1904 年，根据商部的意见，清廷谕令颁布了《察定商会简明章程》《商会

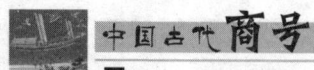

章程附则六条》。此项法律文件成为商会成立的法律依据。1905年1月13日，天津商会正式成立。

到1908年，全国已有58个总商会（其中9个建于海外）和223个分会。1912年商会总数猛增至794个，1915年更激增到1262个。

1915年，参议院代行立法院职权，在第二期常会议定《商会法》，并于12月予以公布。次年2月，又颁布了《修正商会法施行细则》。1927年，南京国民政府成立后，重新修订了《商会法》和《商会法实施细则》。

1929年，工商部拟定《商会法》草案，同年8月15日公布施行。自从创立了商会制度，该社会组织就具有非常强烈的独立意识。与其他形式的社团相比，它是当时清政府最为重视同时也大力倡导的新型商办民间社团。

第四章

古代著名的商帮与商团

在古代，对于商人而言，国家没有明文的法律保护，而民间又对商人冠以"奸商"的歧视。因而，在那样的年代，商人利用它们天然的乡里、宗族关系联系起来，互相支持，同舟共济，于是就成为市场价格的接受者和市场价格的制定与左右者。同时，商帮在规避内部恶性竞争、增强外部竞争力的同时，更可以在封建体制内利用集体的力量更好地保护自己，商帮在这一特定经济、社会背景下应运而生。

第一节
北方著名的商帮商号

"汇通天下"的晋商

在我国封建制度时期,科举制度成了历代君主选拔人才的主要标准,因而吸引我国历代学子十年寒窗,发奋苦读。揭榜那一日,状元也就成了众人瞩目的对象。清代时期,总共出了100多个状元,这些状元来自不同的地区,但唯独缺少来自山西的学子。连云南、贵州等较为偏远的地区都出过状元,为什么偏偏没有山西的呢?

原来在山西,不是学而优则仕,而是学而优则贾。在山西,读书最好,

晋商文化博物馆

第四章 古代著名的商帮与商团

头脑最灵活的孩子会选择经商；稍微差点的选择种田，因为种地最起码饿不着肚子；最差或头脑最笨的孩子才会选择参加科考。山西的学生就是这样分配的。那这又是为什么呢？

清朝的时候，山西的一个县令一年的薪水是1000多两白银，而山西票号里的一个小伙计的年薪竟与之相同。长在这富贾如云的地区里，如何选择自然分明。

伙计尚且这么有身价，那老板又是怎样的一些商人呢？

在我国古代，山西商团是十大商团中最早崛起的，史上称之为晋商。晋商是在明代中期正式形成的，是我国明清时期最大的一个商人团队。晋商经过数百年的积淀，家底异常丰厚。

清朝一位大臣在写给皇帝的奏折中写道：臣听说山西太谷县孙姓人家，家有白银2000余万，曹姓、贾姓人家各有四五百万，平遥县的侯姓人家、介休县的张姓人家，各有三四百万……介休县家产超百万的大概几十家，祁县超百万的大概也几十家。

可见，山西几个县城中的富户家产相加，数量就超过了一亿两白银。这可不是普通的数字，当时国库的全部存银都达不到一亿两白银。

早在隋唐时期，就有资产雄厚的山西商人，他就是武则天的父亲武士彟。传说李渊父子当年从太原起兵，做木材生意的武士彟给予了他们丰厚的物质支援。凭借着武士彟的财力和精锐的太原军队，李渊父子最终顺利夺取政权，赢得了天下。

知识链接

瑞蚨祥

孟洛川（1851—1939年）名继笙，字洛川。山东省章丘市刁镇旧军人。著名商人。祖辈为地主兼商人。1869年，孟洛川18岁开始经商时，即到北京负责庆祥、瑞生祥等企业的经营。自此以后，他完全接管了孟家企业。他在涉足企业的最初20余年间，生意获得了较大发展。1893年（光绪十九年）和 1896 年，先后在北京大栅栏和烟台开设"瑞蚨祥"，经营绸缎、洋货、皮货、百货。八国联军在 1900 年之际入侵北京，前门一带被摧毁殆尽，瑞蚨祥成为一片瓦砾，只好迁至北京天桥设摊营业。1903 年，北京瑞蚨祥新营业楼落成。后又在北京增设瑞蚨祥鸿记绸缎店、西鸿记茶店、东鸿记茶店、鸿记新衣庄。1904 年（光绪三十年），在青岛设立瑞蚨祥缎店。次年，在天津增设瑞蚨祥鸿记缎店。1924 年，济南瑞蚨祥增设鸿记分店。所经营的瑞蚨祥、泉祥等"祥"字号商号，遍布京、沪、津、济、青、烟等大中城市。至 1934 年，已分别在北平、天津、济南、青岛、烟台、上海等地设立商号达 24 处，有员工 1000 余人，房产 3000 余间。1900 年，资本总额约 40 万两银子，到 1927 年时，年利润就高达 300 万两白银。他一方面投资企业，另一方面还大量购买田产。在章丘有田产 2300 余亩，另在山东沾化、利津、泰安、莱芜置有庄田。章丘之住宅为六进院，前厅后楼、左右厢房共近 100 间。为当时中国知名的民族商业资本家，京津及济南等城市报纸都称孟洛川为"金融巨头"。

　　清兵入关之后，顺治皇帝最先做的事情便是传召当时最有名气的几位山西商人。在大殿设宴，赏赐给他们华丽的服饰，最后还把这些商人编入了由内务府管理的"御用皇商"的行列。皇帝重视山西商人的主要原因是其有富可敌国的经济实力，皇帝也要为自己留条后路。雍正年间，朝廷调集军队平定青海叛乱，当清军深入草原以后，军粮供应发生了困难，仅购买粮草就需要 100 多万两白银。就在清政府为此寝食难安的时候，一位山西商人站出来说："这件事就交给我做吧。"而这位山西商人的爷爷，就是顺治帝宴请的八位商人之一。

　　山西商人的生意在全国各地都有分布。从蒙古草原上的骆驼商队，到吴淞口准备出海的商船，都有山西人忙着计算价格的身影；从呼伦贝尔的醋味，到贵州茅台的酒香，都有山西人在酿造叫卖。从甘肃的老西庙到新疆的古城塔，从昆明金殿的铜鼎到江苏扬州的亢园，都是山西商人建造的。

　　山西商人的资本生意中，最著名的就是山西票号，可以说是"汇通天下"。票号做的是汇兑买卖，你把银子交给这个店的老板，并交纳一定的手续费，老板就给你一张由商号开出的汇票，拿着这张汇票就可以去其他地方的票号分店汇兑相应的银两数目。

中国历史上的第一家票号是日升昌，它的大掌柜是一个原本靠做颜料生意发家的名为雷履泰的商人。在日升昌开业以前，人们不管是做生意还是拜访亲戚朋友，需要带着沉甸甸的银子上路，不仅耗费体力，而且极为不方便。有了日升昌这样的票号以后，人们再出远门就方便多了。

后来政府官员也慢慢开始委托办理汇兑事务。资本积累越来越多，日升昌的分店也越开越多，利润越来越大。后来又吸收现款，发放贷款。日升昌的生意就更加红火了。其他的山西商人也开始学习日升昌的经验，投资票号生意，从而形成了著名的山西票号。

封建君权制度下晋商为了稳固自己的生意，扩大产业规模，大力结交官府。因此官商相互勾结，互相利用、依存。

曾经离开京城为母亲守孝三年的张之洞，在准备重新返回京城时，便希望朝廷提升自己的官职。为了打通上下各个关节，张之洞拜访了日升昌票号，想借白银10万两，日升昌觉得数额过大就没有很快给予答复。张之洞又去了协同庆票号，这一次他获得了意想不到的热情款待。该票号的掌柜说："十万白银不算什么，为了您使用方便，不如立个折子，用多少，取多少，不用限定数字。"这让张之洞喜出望外。而掌柜之所以这样，就是为了拉拢张之洞，并且看看他究竟能出任什么官，借银也可随机应变。协同庆果然打了一个如意算盘，当张之洞出任两广总督后，便把两广的财粮国税全部交给协同庆解交，协同庆因此三四年就盈利百万两白银。

清政府为了巩固自己的政权，经常出兵南征北战。而每当财政紧缺时，清政府就想到了山西商人的钱袋。因而，山西商人经常向政府捐献军饷。

独霸西部的陕西商帮

中华文化的一个重要发祥地就是陕西。据史书记载，我国曾经有十三个王朝在陕西建都，陕西曾多次在中国政治、经济以及文化上占据中心地位。先进的政治文明和优越的地理环境，使这片土地也为历史贡献出了一个源远流长的商业帮派——陕西商帮，又称之为秦商。

陕西商帮在中国的文明史上写下了灿烂的篇章，流传青史。陕西商帮的对外贸易历史悠久，商业活动可以追溯到公元前700多年。明清时期，陕西商帮跃居中国十大商帮，在长达50年的岁月长河里，陕西商帮几乎将中国西部地区的贸易通商活动全部垄断。

明朝时期，中央政府为了巩固边防，在陕西等地实行了一系列特殊的经济政策，比如"食盐开中""茶马交易""棉布征实""布马交易"等。这为陕西商帮的崛起提供了历史机遇，他们将自己在地域以及物产上的优势发挥得淋漓尽致，形成了以西北、川、黔、蒙、藏为势力范围，以泾阳、三原为中心的商业资本集团，主要做贩运茶叶、食盐以及布匹的生意。陕西商人以雄厚的财力留下了"西秦大贾""关秦商人"的美名。连明末清初的科学家宋应星也为之赞叹："商之有本者，大抵属秦、晋与徽郡三方之人。"宋应星能够将陕西商帮与晋商、徽商相提并论，由此可见陕西商帮的影响力非同一般。

陕西几千年商业经济和商业文化的历史积淀，注定了陕西商帮的崛起。陕西商帮组成复杂，汇集了士、农、工、商各个阶层。明清时"走西口"从事边境贸易的陕西商人中还有许多是弃儒经商的士人君子，他们也积极地参与了商业活动，将知识与经商活动相结合，以谋略取胜。

历史上，陕西商帮对我国西部经济的开发起到了巨大的推动作用。他们

陕西会馆

在明代垄断了兰州、西宁等地的茶、布匹、盐、药材和皮货等。清朝以后，陕西商人将生意延伸到了四川，他们在清初百余年间几乎掌握了四川的经济命脉，不仅垄断了四川的井盐生产，还逐渐把势力扩张到了云贵等地。

陕西商人在清朝时期几乎达到了顶峰。他们的产业较明代有了蓬勃的进展，他们的经营范围向北达到了乌鲁木齐、伊犁，向南达到了佛山、上海等地。和其他众多商帮一样，大部分成功后的陕西商人都会选择回到故乡丰富陕西本土的商品经济。明清之际，陕西地区称得上全国经济最为发达的地区之一。

陕西商人尽管辉煌一时，但他们却终究没有脱离农村、融入城市，当近代受到外来资本冲击时，陕西商人的保守使陕西商帮土崩瓦解，成了十大商帮中最先瓦解的商帮。面对新的历史形势，与时俱进者昌，循规守旧者亡。陕西商帮没能适应分化、改组，在两淮盐场中被徽商击败，本土市场被晋商占领，四川的井盐业在战乱中迅速下滑。最后，清末多发的战乱促使陕西商帮走向了衰亡。

声名显赫的山东商帮

山东商帮也叫作"鲁商"，在十大商帮中虽然不像晋商、徽商那样富甲天下，但也独占了北方的优势，在东北地区更是占尽地利、人和。山东商帮在兴盛时期掌控了北京乃至华北地区的绸缎布匹、粮食销售以及餐饮行业等，可以说是纵横"商场"，声名显赫。

山东人的性格特点就是直率淳朴、单纯正直，那么由山东人组成的山东商帮也同样具有直截了当的特点。他们非常重视商业道德和商业规范，讲究信用与道义。这就是山东商帮的致富道路，没有什么特别之处，但落实到实际，总是让人有种很实在、很踏实、很放心的感觉。山东商帮有两种主要的商业经营方式：长途贩卖和坐地经商。山东商帮并不是晋商的"学而优则贾"，也不像徽商那样"贾而好儒"，山东商帮的经商人员受地理环境的影响不大，不管是好地方还是不好的地方，都有商人的出现。并且商人之间经商的动机和条件彼此相差很大。大多由封建性的商人组成，如大官僚、大地主、大商人。

独资与合资是山东商人的经营方式。资本雄厚的大商人往往会采用独资的方式，也有一些资本较小的小商贩。在买卖中，他们都讲求信义，按规则办事，给人留下很好的印象。合资经营者与今天的股份公司相类似，会先立下一个合同来表示守信用。这是山东商帮的特点，也是山东商帮的独特经商武器。由于他们特别善于规范自己的商业行为，所以山东商帮非常受到外地商帮的信赖。山东商帮不仅在大事上对自己要求严格，在小事上也很注意约束自己的行为，他们践行了"细节决定成败"的商海品格。

山东省淄博市的周村，有"天下第一村"的美称，还享有"旱码头""金周村""丝绸之乡"的美誉。电视剧《大染坊》的故事就取材于周村。自古以来，周村就是商业发达的地区，明末清初时与广东的佛山、江西的景德镇、河南的朱仙镇并称为中国四大"旱码头"，后来形成以镇中大街为中心的古代商业街市。这是许多山东帮老字号的摇篮，北京著名的瑞蚨祥绸缎庄就发源在那里。

周村古商业街

早在明代，东北地区就与关内保持非常密切的贸易关系，清代实行贸易开放政策，山东商人出入东北更加频繁。据记载，乾隆十三年仅仅在宁古塔、船厂两地的山东贸易佣工就高达三四万人。最先，山东商人常常需要抛妻离子独自一人前往东北做生意。后来政策开放以后，山东商人逐渐开始在东北地区定居下来。"每年去东三省贸易之人有五千余人"，山东商人是主要组成部分。在闯关东的山东商人中，又以今山东龙口市的商人最多。据史料《黄县故事》的记载，东北三省简直就是黄县人的第二故乡了，从大都市到小屯子、小窝棚，到处都有黄县人的身影，黄县人在东三省的商场纵横驰骋，商绩辉煌。在佳木斯的桦川县，山东商人竟然占了整个县人数的70%，使该县留下了"小黄县"的别称。康熙年间，黄县单家村的兄弟二人，在盛京开设了一个跨行经营的作坊，经过一段时间的积累，在清代超过了奉天城所有的商家，拥有最大的规模、最全的货物。

百年之后，山东商帮在东北各城市的商业活动中已经首屈一指。清代的时候，营口和大连已经形成了山东商会的雏形，名为"公议会"。公议会由商业界的著名人士组成，控制着整个城市的工商业。1904年，山东商人在大连的公议会里占一半。1905年，山东商人在营口的公议里占1/3，他们经营油坊、粮食、杂货等，后来，在当地经营失败的奥商退出公议会后，山东商帮的权力就更加大了。清末的时候，长春的大小商铺有1200多家，其中由山东商帮垄断的产业有当铺、绸缎以及粮业。清末的哈尔滨有4000多家商埠，油坊、绸缎、烧锅、皮货等实业性质的山东商号有500多家。到了民国初年时，哈尔滨商会的20名会员，竟然全是山东人，成了不折不扣的山东商会了。

知识链接

山西票号发展小史

所谓票号，就是指在晚清到新中国成立前那一段时间内，介于钱庄和银行之间的一种旧式金融机构。总号设于北京，分号遍于各省市，所发庄票随处皆可汇付。因其执事者山西人居多，所以称之为"山西票号"，也叫作"山西票庄"。

道光以来，晋商进入第三次大发展阶段。这个时期晋商的特点是：山西商人首创的山西票号，随着票号业的发展，山西商人逐渐成为中国金融界的巨头。同时，由于商业资本与金融资本相结合，山西商人成为当时国内商业和金融界一支举足轻重的力量。

山西票号，又叫作汇兑庄或票庄，是一种金融信用机构。开始主要承包汇兑业务，后来也进行存放款等业务，山西票号的产生有着深刻的社会背景和历史条件。

早期金融组织账局、钱庄的出现，为山西票号的产生创造了条件。雍正时期，我国北方已出现与商业发生借贷关系的金融组织，称为账局，又称账庄。账局主要分布在北京、天津、张家口、太原等商埠，经营者多为晋人。雍正时，中俄恰克图贸易开始，乾隆时成为中俄"两国通商的咽喉"，而内地去往恰克图贸易的商人，多半皆山西人，由张家口贩运这些绸缎布匹杂货等，交换各色皮张、毡毛等物。长途贩运，商品流转周期长，每周转一次，有时需一年，需社会信贷的融通与支持，以完成长途贩运，所以，晋商是在太原、张家口、库伦等地最早设立账局的商行。清乾隆以后钱庄业务发生变化，逐渐由银钱兑换向信贷转化。同时，由民间钱庄签

"天下通汇"山西票号

发的钱票，已在一些地区使用和流通。山西巡抚申启贤说："晋省行用钱票有凭帖、兑帖、上帖名目。凭帖系本铺所出之票，兑帖系此铺兑与彼铺，上帖有当铺上给钱铺者。"

清朝后期（甲午战争后）中国完全沦为半殖民地半封建社会，票号积极与外商竞争，促进国内外贸易，资助民族资本。祁县的合盛元票号，看到日商在东北肆意扩张，于是把在东北的分号扩增三倍，并在朝鲜的新义州、南奎山、仁川，日本的下关、神户、东京、大阪、横滨设庄，合盛元以其非常好的经济效益和社会效益，成为当时票号的佼佼者。1901年成立的永泰裕票号，看出中印贸易即将大发展的趋势，率先在印度的加尔各答设庄。1906年成立的平遥宝丰隆票号也在加尔各答和拉萨等地设庄，有效促进了我国西藏与印度的贸易。汇通天下的票号，构成了四通八达的金融汇兑网。但盛极必衰，辛亥革命后，票号进入尾声。民国初期，票号陆续倒闭，1921年仅存五家，平遥日升昌1923年歇业，祁县大盛川1929年歇业，三晋源1934年歇业，大德通、大德恒1932年后改银号。

第二节
南方著名的商帮商号

"无徽不成镇"的徽州商帮

在中国古代历史上,一统中国商界的共有十大商帮。它们分别是山西帮、宁波帮、陕西帮、山东帮、广东帮、福建帮、洞庭帮、江右帮、龙游帮和徽州帮。这其中,在明朝时期,"富室之称雄者,江南则推新安,江北则推山右(山西)",到清代中前期,则徽商已赫然为十大商帮之首,足迹遍天下,"无徽不成镇",构成了一代商业帝国,在中国商界产生了极为深远的影响。

所谓徽商,当然是指由徽州人形成的商帮。但严格意义上的徽商概念,还不等同于一般的徽州商人或徽州商业。徽商是一个特定的概念,它应是指由古徽六邑(即歙县、休宁、祁门、黟县、绩溪、婺源)之人组成的从南宋时开始兴起,至明清鼎盛,清末后衰退的具有典型封建性和乡谊性的经营商业之帮。

自从唐宋时开始,徽州人就非常重视粮食经营,不过当时形成的规模不大。明代中期,苏州、浙江一带的粮食需求量增大,善于经营粮食产业的徽商便扩大了规模。一个主要从事粮食贸易的商帮登上了历史舞台。乾隆时,一位徽州商人途经汉阳地区时,碰巧赶上当地有灾荒,他一下子就在那里抛售了上万石米。

徽商主要的垄断产业包括麻布、棉布类。苏浙盛产棉布的城镇,简直成了徽商的大本营。他们有的以低廉的成本收购散棉布,有的开设布行。清朝在苏州、松江的几十家布行都是徽州商人经营的。生意逐渐兴隆的布商又把眼光投向更远处,他们又将布行开到了常州、上海等地。染出的布色泽鲜艳,备受欢迎,为了提高声誉和防止假冒,每个布行还在布上印上自己的独家标

徽商会馆

记。有的布商一年甚至能卖出百万匹布。

宋元时期，徽州地区就已经出现了茶叶贸易。乾隆时，徽州商人在北京开设的茶行达到7家，茶商字号高达100多家，小茶店数千家。茶商的足迹遍布了汉口、九江、苏州、上海等长江流域的城市。茶叶到了明清时期更是远销海外。

另外值得一提的是徽州的木商。徽州山区盛产杉木，在南宋时期，徽州人就开始做木材生意了。随着苏浙地区经济的发展，徽州山区的木材量已不能满足需要，徽州人便向江西、湖北、湖南、四川等地开辟货源。湘西德山镇的徽州商人络绎不绝，长年在这里管搬运的劳工多达几千人。木商的规模也很大，万历年间，北京修建乾清宫、坤宁宫，一位徽州木商便趁机请求采办"皇木"16万棵，可见其货源广阔、资本雄厚。

徽商在南宋时期萌芽，元末明初发展壮大，明代初具规模，清代乾隆时达到鼎盛，嘉庆、道光年间开始衰败，前后达600多年，其中在中国古代商业称霸300年之久。贸易活动领域遍布全国各地，并且商品远销日本、东南亚各国以及葡萄牙等，在世界市场上占有一席之地。"无徽不成商"传遍天下，徽商对市场经济和中国近代对外贸易的发展都起到了很大的推进作用，在中国商业史上占有重要地位。

知识链接

古代镖局

在古代商品交易过程中，由于商人异地采购业务的不断扩大，现银调动数额巨大，异地采购次数也有所增加，因此既安全又快速运现就成为一个突出问题。在这种状况下，应运而生的镖局就是专门的运现机构。所谓镖局，以"雇佣武艺高超的人，名为镖师傅，腰系镖囊，内装飞镖，手持长枪（长矛），于车上或驮轿上插一小旗，旗上写明师傅的姓，沿途强盗，看见标帜上的人，知为某人保镖，某人武艺高强不敢侵犯。重在旗标，所以又称标局"。镖局起运的骡驮子，时人称之为"标驮子"。每一驮可驮银3000两。山西祁县是著名的戴氏形意拳发祥地，有很多身怀武艺的人，而山西商帮遍布全国各大商埠，商品交易中常需运现，因此，开设镖局的大部分都是山西人。卫聚贤《山西票号史》载："考创设镖局之鼻祖，仍系……山西人神拳张黑五者，请于达摩王，转奏乾隆，领圣旨，开设兴隆镖局于北京顺天府前门外大街。"（卫聚贤《山西票号史》）卫聚贤还进一步推论，镖局是明末清初顾炎武、傅山、戴廷栻为反清复明，用来保护商人运送现银而设。无论镖局是何时开创，历代以来，从事镖局的山西人就有很多。直至清末尚有不少山西人开办的镖局，如山西榆次人安晋元在张家口开办有"三合镖局"，王福元在蒙古三岔河开办有"兴元镖局"。此外还有"志一堂""长胜""三义""无敌"等镖局，太谷车老二、祁县戴二闾等都是有名的镖师傅。（孔祥毅《近代史上的山西商人和商业资本》，《近代的山西》，山西人民出版社1988年版）镖局运现一般是按季起运，以归化城镖局来说，凡运往直隶的白银，路线是经平型关、骆驼峪、达平山、唐县；运往山西的白银，由杀虎口，往雁门关、达祁县、太谷。然而，由镖局运送大量现银，在社会动荡不安的情况下，土匪太多，很难确保其安全性，票号便由此产生。

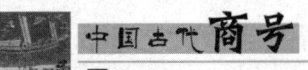

手段高明的龙游商帮

龙游商帮是中国商业历史上的一个奇迹，它起源于浙江西部的山区，既没有官府的支持，又没有强大宗族势力做后盾，但却逐渐聚集了大量资金，在商业上占据一席之地。号称中国十大商帮之一，素有"遍地龙游"的称誉。

龙游商帮并不仅仅指龙游一个县的商人，而是指浙江衢州府所属龙游、常山、西安、开化和江山五县的商人。由于龙游商人的数目众多，经商手段最为高明，就以"龙游商帮"为名，也称"龙游帮"。

晋商富甲天下，经营票号，在金融业上叱咤风云；徽商则垄断盐业，扬名四海。然而素来低调处世的龙游商帮在埋头苦干、不露声色中悄然占据了珠宝古董业的头把交椅，同时从事印书、刻书和贩书业，在海外贸易中也占有一席之地。

龙游民居苑是龙游商帮的故居

第四章　古代著名的商帮与商团

龙游商帮经营的商业范围非常广泛。他们以作坊的形式生产纸，同时自己负责销售。纸张的生产和销售中心位于龙游的溪口镇，成品远销江苏一带。书商一般是有文化基础的文人学士放下架子，来从事商业活动。粮食商也不甘下风，年销量 1200 万吨。山货业就以当地的产品为货源，年产各类油 10 万多斤，远销全国及东南亚各国。丝绸棉布商也声名显赫，远销到湖广一带。珠宝商更是赫赫有名，他们在全国独占鳌头。据古书记载，龙游的珠宝商人只身一人带着价值千金的明珠翡翠、宝石猫眼，来到京城买卖，却能做到掩人耳目、踏雪无痕。由此可见，他们不仅有非常雄厚的资金，还具有极强的随机应变能力，因为他们处事低调，盗贼很难发现他们。长途贩运业也是他们的强项，当时的一名龙游商人把丝绸远销到了湖北一省十五郡，占据了全省的销售市场。

龙游商帮里也有儒化的商人，比如大书商童佩。童佩就出身在一个贾儒兼备的家庭，他的父亲是一位儒雅的商人，经常坐船去吴中地区贩书。据传说童佩从小聪慧伶俐，勤奋好学，做得一首首好诗词，写得一手好文章，连明代的"唐宋派"学者归有光都称赞他的诗文，当时的文坛盟主王世贞称他为自己的"千古知音"。童佩最大的爱好就是藏书，只要他看见珍贵的版本，无论出多少价钱也要将其收入自己的书屋。可以说童佩是一个集收藏、鉴赏、考证、校勘、印刻、销售于一身的明代儒商。

龙游商帮尽管辉煌，然而终究抵挡不了历史的进程，鸦片战争以后，新增开了五处通商口岸。由于近代海洋文化的兴起和海外贸易的发展，新兴的上海、宁波、潮汕、厦漳等地的商帮日益兴盛，而龙游、徽商、晋商等传统商帮渐渐退出历史舞台。

敢闯天下的福建商帮

在我国十大商帮中，福建商帮实属一个特例，因为它不仅具有商人的身份，还有海盗的身份。在历史中寻觅闽商的足迹，如同打开一本厚厚的大书，经商的传统在福建悠久绵长。4000 多年前，昙石山文化就表现出海洋文明的特征。宋元时期，泉州就成为当时"海上丝绸之路"的重要发祥地，到了近代，五口通商口岸，厦门、福州占了其二，马尾船政文化谱写一个时代的辉煌。历史在福建人的血液里，积淀下海洋、商贸、开放、移民等许多先进的因子，铸就了福建文化特有的气质。

闽商在唐宋时期就已遍布全国的各个角落。当时战乱纷杂，北方气候又变得寒冷，许多北方人开始了人口大迁移，这导致了闽粤人口迅速上升。这种情况下，新的问题又出现了，闽南一带土地贫瘠、背山环海、地少人多，粮食不够吃。所以是环境把福建人推到了海洋上谋求生路。一些福建人带着家乡的土特产品，如丝绸、药物、糖、手工艺品，顺着"海上丝绸之路"漂洋过海，到世界各国做生意。

　　由于唐代积淀起来的商业基础，元代时期，福建人已经有了稳固的商业意识，他们甚至为了发展商业，选择到异国他乡定居。百年来，福建商人东渡日本、北达欧亚、西至南北美洲、南抵东南亚各国，为对外贸易的发展作出了巨大的贡献，创造了非凡的辉煌历史。

　　明清时期，社会经济发展很快，闽粤一带的手工业也飞速发展，福建商人就在这种环境下开始了大规模的海内外贸易活动。福建商人由于具有临海的优势，所以获得得天独厚的海上贸易优越条件。所以积极发展海运事业，海运的发展又带来了大量的资金和洋货，为开拓国内市场提供了很好的条件。所以福建商人逐渐在这一新的格局下显现出来。

　　福建地区山地贫瘠，人多田少，当地人被迫放弃农耕，发展海洋产业，比如海水养殖、海水制盐、海洋航运等。发展到明清时期，土著海商大量出现，以至掌控了东南亚海上贸易的大权。然而好景不长，一方面西方大船长驱直入，另一方面国家担心倭寇由海路侵犯，便实行了禁海政策，民间的海上势力遭到了史无前例的扼杀。

　　面对西方大船的海上扩张，福建海商被迫站在了艰难的抉择路口，是让步还是挑战？面对闭关锁国的政府，是做海商还是做海盗？如果不组织武装，就不能对抗西方入侵势力；如果组织武装，又没有办法和封建政府交代。最终福建商人无法舍弃广大的海上生意，更不愿意在家饿死，只好出海，由海商变为海盗。

　　福建泉南人就是一批英勇无畏的人，自宋朝时起，他们就敢于面对海上航运的风险，敢于与朝廷禁令相抗争，为了走私商品而不顾一切。泉南人在海上赚取大量利益后，不是存起来坐吃山空，而是为扩大经营规模而勇于投资。如果赚了10万元，福州人可能会先存5万元，用剩下的5万元去投资；而有商业头脑又胆大的泉南人则会再借10万元，加上赚来的10万元一起拿去经商。他们在商海中守信誉、不失信、讲道德，涌现了一大批卓越的大商人。

第四章 古代著名的商帮与商团

> **知识链接**

佳珀隆商号

陈文榜，名道珀，字佳隆，生于珠宝世家。祖上三代为皇家御用珠宝工匠，乾隆时期，其雕刻的玉如意曾作为国礼送给英国女王，成为佳话（现存于大英博物馆）。1836年，佳珀隆商号在缅甸购买大片翡翠矿山，专门制作高档翡翠珠宝，销往各国王室贵族，位于东南亚地区的佳珀隆商号是家喻户晓的珠宝品牌，其所推崇的佛商和儒商理念，诚信经商，达济天下，后世之人一直视其为毕生楷模。清朝末年，在国家动荡不安，百姓流离失所的情况下，其为了匡世护国，佳珀隆商号给当时的清政府捐出巨额财产，可惜数百万的白银到了腐败无能的清政府手中，都被盘剥一空。紧接着，佳珀隆商号数次对同盟会等诸多爱国人士及团体尽可能地予以资助。在经商的历程中，佳珀隆遵循"君子爱财，取之有道"的原则，奉行"见利思义，为富重仁"的信条，盈利后筑路修桥，兴办义学，赈灾济民，"穷则独善其身，达则兼济天下"。其贾服儒行、经世济民的儒商风范，广为百姓交口称赞。

精明能干的宁波商帮

民间有句话说："无宁不成市"，宁波人头脑灵活，只要有商机，无论多远多偏僻的地方，都能发现宁波人的身影。

在中国的古代商帮中，宁波商帮是一支后起之秀，简称宁波帮，指的是宁波府的商人，这也是一个以血缘姻亲和地缘乡谊为纽带联结而成的商业集团。从它形成之初，就彰显出不同寻常的见识和卓越。早在清末明初时期，宁波商帮就形成了，但随着中国历史的不断变迁，它并没有随之消逝，至今甚至还在全世界各地区十分活跃。

宁波商帮被认为是继徽商、晋商之后势力最强的商人群体之一。据史料统计，19世纪末到20世纪初，在上海的外来移民中，广东人和宁波人占大多数。在这些移民中，一代新的资本家脱颖而出，在工商界表现得十分活跃，其中广东商帮占1/10，其他各个商帮共占2/10，而宁波商帮独占了7/10。1920年，在上海的公共租界里，华人有68万，其中的宁波人占40万，他们把商业与金融紧密结合起来，跻身于全国著名商帮的队伍，在银楼业、药材业、成衣业、海味业以及保险业都做得风声水起。宁波商帮为江浙、上海的现代化作出了巨大贡献，也对中国的工商业、金融业起到了很大的推进作用。他们凭借着强烈的创业精神与杰出的经营理念谱写了宁波商业史的百年辉煌乐章，至今仍然充满强大的生命力。

宁波商帮分为几个发展时期。第一个发展时期是清代乾隆嘉庆时期，宁波商帮是由一个普通的中国沿海地域商帮发展为国内著名商帮。宁波海商在这一时期发展迅速，拓展出更大的活动范围，从长江到南北洋，再到海外，对日贸易也形成了很大的规模。1840年，宁波商帮已经和晋商、粤商、闽商共同主导新的历史格局了。

鸦片战争以后的几十年，宁波商帮进入了第二个发展时期。它们很快融入新兴的对外贸易领域，在买办中逐渐处于领先地位。买办的发展对中国传统的自然经济形态造成了很大的冲击，为商品经济登上历史舞台做了充分的铺垫。

19世纪八九十年代，是宁波帮的第三个发展时期，他们继续在新的时代背景下蓬勃发展起来，其在航运业、工业以及金融业等新兴领域称霸一时。宁波商人在这一时期创造出很好的佳绩，他们以上海为基地，创造了大概100个全国第一，出现了一批各行各业的"大王"，在中国商业史上营造了百年的辉煌成绩。

1897年，宁波商帮勇敢地迈向现代金融业，中国历史上第一家银行就由他们创办。1908年，四明商业储蓄银行建立，这是一个中国人独立创办的以一个城市为标志的股份制商业银行。第一次世界大战后，宁波商人再次以敏锐的商业嗅觉抓住了机遇，在短短一年的时间里就创办了上海煤业银行、民新银行、日夜银行、中华劝业银行等十余家银行。并且还创办了中国垦业银行、中国企业银行等多家新式商业银行。在那个时期，以宁波金融家为主体的上海银行家队伍被冠以"江浙财团"的桂冠。由此可见，宁波商人懂得与时俱进，提升经营理念，大踏步走向资本运作领域，谱写了一个又一个商业界的佳话。

1862年，宁波镇海的叶澄衷在上海开设了"顺记五金洋杂货店"，这是上海地区第一家由华人开设的五金号。随着规模的扩大，在全国各地共有分

第四章 古代著名的商帮与商团

号38家，联号108家，包揽了"五金大王""火油大亨"的美名，总资产超过800万两白银，而当时晋商最大财团渠家的总资产才400万两白银。

宁波商帮在中国商业领域创造了一个又一个传奇，各行各业都不逊色，宁波商帮的裁缝手艺不凡，有一个特定的名字叫"红帮裁缝"。曾经在一段时间内，宁波裁缝专给外国人做西装，而外国人被称为红毛人，于是宁波裁缝也就落了个"红帮裁缝"的特别称号。关于他们的祖师爷也有着一个动人的传说：宁波人张尚义在横渡杭州湾时，不幸翻船，在紧急情况下，他抱住了一块破船板，又经过数天的漂泊到达了日本横滨，成为仅存的幸存者。在陌生的环境里，他凭借着会裁剪很快找到了糊口的方法，那就是为海边的俄国船员修补西装。渐渐地，心灵手巧的张尚义成为西装裁剪的高手。许多年后，他的儿子张有松回到了祖国，在上海创办了第一家西服店——福昌西服店，并慷慨地把裁剪西装的手艺传授给了同乡。

宁波裁缝逐渐将各地的西服制作业完全垄断，日后上海南京路上涌现的最有名的西服号，几乎都是宁波人所开的。更难得的是，"红帮裁缝"的影响并没有随着一个旧时代的结束而消失，时至今日，宁波都是名副其实的服装之都，全国每出产10件衣服，就有1件是从这里生产出来的。

这就是闻名遐迩的宁波裁缝，在他们的手中，产出了中国的第一套西服、第一套中山装，甚至第一部西服理论著作。他们称得上是中国近代服装改革的先驱。

知识链接

荣记商号

徐荣村（1822—1873年），中国世博第一人。原名瑞珩，字德琼，号荣村。香山县北岭村（今属珠海市）人。他年轻时离开家乡，跟着哥哥徐钰亭前往澳门经商。在澳门，徐钰亭结识了一位英国商人，这名英商后来在上海开办洋行，请他去主持洋行事务，徐钰亭由此成为最早在上海做买

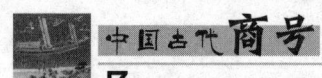

办的香山人之一，一段时间后，他又把弟弟徐荣村带到上海。在澳门经商时，徐氏兄弟主要从事生丝贸易，凭借以往丰富的资源和经验，兄弟俩很快就在上海的洋行里立足。徐荣村不久就办起自己的商号。

势力庞大的广东商帮

　　海外流传着这么一句话，说："太阳无时不普照粤人社会。"这句话点出了粤商的辉煌。

　　道光十年（1830年），英国议会对在中国做过商业贸易的英国商人进行了一次普查，结果表明，在广州贸易的大多数人都认为全世界最方便、最好做生意的地方就是广州。

　　近代以来，由于外国经济势力的不断入侵，中国开始有意识地迈进近现代工商业的进程中去。曾经名噪一时的晋商、徽商等因为故步自封而逐渐衰退，而广东商帮却伴随着近代广东商品流通的扩大、商品经济的发展以及海外移民的高潮而崛起。广东商人发迹于东南亚和香港、潮汕地区。"二战"时，广东商人一度沉寂，但是他们在"二战"后苦苦经营数年，最终在中国南部、香港以及东南亚地区重新崛起。

　　广东商帮有广东人的特点：

　　他们认为要想发财，就应该不停地工作。广东人勤劳肯干，当他们追求金钱和成功时，甚至能舍弃一切安逸和享乐。许多广东商人从小商小贩起家，凭借着辛勤的双手开辟了富裕之路。

　　据史书记载，广东商人在唐代时期就将生意做到了海外，以至使广东获得了"侨乡"的别称。而今，广东的海外商人已然是一股庞大的势力。

　　他们勇于开拓，敢于冒险，又踏实肯干，遇到机遇牢牢抓住，迅速发展起来。与众不同的是，广东商人还喜欢做新的生意，他们觉得新才没有强大

的对手，在竞争者还没有在某行业对自己造成威胁前，首先赚取高利润。他们敢冒险，颇有一股"不入虎穴，焉得虎子"的气魄。

广东商帮主要由广州帮和潮州帮构成。

广州帮主要由广州府属的珠江三角洲各县商人组合而成。梁启超曾经说过，广东是一个"富而通"的省份。所谓"富"，就是指商品经济发达、商业繁荣；所谓"通"，就是指在经济、文化、人员方面与西方国家保持频繁交流。地处南海之滨的新会，是一个人杰地灵的地方。新会人善于农耕，而且精于商贸，在广州府属地内出类拔萃，是广东商帮的重要组成部分。

据史书统计，新会人在广州商帮中所占比例最大，达到了1/5，可见新会人的精明强悍。

当年，在外地经商的商人，流行修建会馆，一为联络感情，二为处理商业事务，三为保障共同的利益。明万历年间，新会商人就已经在湖南米粮交易中心——湘潭建立会馆，名叫"古冈堂"。清代康熙年间，新会商人在汉口建立了古冈会馆；乾隆年间，他们在重庆建立了古冈栈；清代末年，连苏州也有了新会冈州会馆。凡是有新会商人活动的地方，几乎都建有这种"出江帮"会馆组织，以服务于商业及联络感情。

新会的土特产远销国内外，包括上海、汉口、镇江、四川和长沙等地，并且延伸到大连、天津、烟台、青岛、济南、福州等地，受到广大人民群众的一致欢迎。清代时期，烟丝是新会最主要的出口商品，主要是由采自鹤山和新会的烟叶制成，每年出口值银180万元，是全县六大出口商品之首。

知识链接

商帮的"民营"不等于"民有"

商帮自出现之初便与民营经济联系紧密，回望历史，无论是哪一朝代，民营经济的发展对封建王朝的兴衰与存亡都起到关键作用，商帮的兴衰也与中国经济发展历史紧密结合。商帮在中国经济发展史上创造了辉煌的业

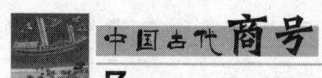

绩，中国商帮开辟的商业通途包括中国古代著名的茶马古道与丝绸之路。然而，到了清代中后期，因为连年发生战乱，商帮随着中国民营经济的衰败也日益凋零。

封建商帮的衰落也是封建王朝发展的必然，在皇权至上的历史前提下，私权随时都能引发意料不到的灾祸。清乾隆时期的徽商江春曾说："奴才即使有金山银山，只需皇上一声口谕，便可名正言顺地拿过来，无须屈身说是赏借。"这从一个侧面上反映了民营经济在中国历史上的尴尬地位——"民营"不等于"民有"。因此，在封建时期，长期以民营企业为主体经营的商帮，在皇权至上的封建王朝统制下，从一开始就决定了其会以悲惨的结局收场。

第五章

古代著名商号与老字号

中华老字号与知名商号指的是在长期的生产经营活动中，沿袭和继承了中华民族优秀的文化传统，具有鲜明的地域文化特征和历史痕迹，具有独特的工艺和经营特色的产品、技艺或服务，取得了社会的广泛认同，赢得了良好商业信誉的企业名称，以及老字号产品品牌。每一家老字号都是一部艰苦创业的发家史，都有精湛的技艺和特色的产品，都有独特的经营方式和绝招，此外，还有一些略带几分神秘色彩的历史传说。让我们在这深邃的文化底蕴和历史渊源中，细细地品味我国著名商号与老字号的文化吧！

第一节
京城著名老字号与商号

吴裕泰茶庄

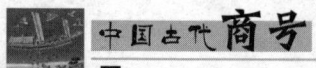

坐落在北京东四北大街44号的吴裕泰茶庄开业于清光绪十二年（1887年），安徽歙县人吴锡清是其创办者，至今已有110多年历史了。当年的吴裕泰茶庄占地20多亩，门面宽敞，能同时进三辆大车，南北各有20多间排子房。那时候，吴裕泰从南方进茶，经大运河到通县，再用大车走东直门到北新桥。日积月累，吴裕泰的字号早已在京城茶行里声名鹊起，规模进一步增大。吴家兄弟有6个，以吴裕泰为依托，先后在城里城外开了8家大小茶庄：崇文门外的"吴鼎新"、广安门外的"协利"、西单北大街的"吴新昌"、东单的"信大"、清河的"吴德利"、崇文门内的"乾泰聚"和"福盛"。在通县和天津还有吴家的3个茶庄"乾泰聚"分号"裕生"等。吴裕泰归老四吴锡清掌管，哥儿六个每月的农历初二到吴裕泰来分钱，行话叫"交月总"或"关家用"。

当时的吴裕泰以拼配花茶为经营特色，花茶产自安徽、福建和浙江等地，起初是由自己熏制，后来全部交由原产地统一熏制。安徽的名茶不少，祁红、屯绿、黄山毛峰、六安瓜片、太平猴魁等享誉中外，但是，北京老百姓在那一时期大多喝花茶，喝不起这些名茶。吴裕泰拼配的花茶基本上是大众化的，因而销量很好。民国以后，军阀混战，民不聊生，再加上吴裕泰几个少东家不和，生意一落千丈，好几次都濒临破产，摇摇晃晃好歹撑到了新中国成立。新中国成立后，吴裕泰这个老店才重获新生。1955年，吴裕泰公私合营，归到北新桥菜市场门下。

北京的老字号写匾有许多掌故，吴裕泰最早的匾额是由清末秀才祝春生题写的，书法不俗。京城的买卖家由他书写的匾不少，写一个字一块大洋。这块匾在吴裕泰挂了几十年，"文革"时，北新桥的地名被改为"红日路"，吴裕泰也更名为"红日茶叶店"，匾被摘下来当作包茶叶的案子。直到1985年才恢复老字号，但当时由祝春生题写的那块匾早已消失不见，当时又请冯亦吾先生重写了一块匾。为适应市场的发展，该店在1994年进行了装修改造，8米高的门楼上挂着刘复之先生题写的"吴裕泰茶庄"金字牌匾。绛紫色门柱上嵌着两块金底黑字楹联，上联是"饮酒当记刘伶醉"，下联是"吃茶应念陆羽功"。店堂内挂着天津炎黄画院赠送的大幅国画《陆羽饮茶图》。漫画家李滨声的"吴裕泰茶香"5个苍劲大字，悬在店内迎面墙上。整个店堂内外，古朴典雅，流光溢彩，古色古香中透着沁人心脾的茶香。与茶庄一壁之隔的"吴裕泰茶社"，以其独有的清幽俊雅，成为以茶会友、品茶论道的好去处。

吴裕泰茶庄

北京的茶叶店之所以鳞次栉比，是因为北京人喜欢喝茶的缘故。但北京人买茶认字号认牌子，在哪家字号买的茶喝顺了，通常一辈子就认这个字号。字号是靠信誉打出来的，信誉越高，回头客就越多。

吴裕泰茶庄虽历百年沧桑，师徒换了几代人，但"奉顾客为'上帝'，视质量为生命"的经营宗旨从未改变。该店在市场经济的大潮中重整旗鼓，很快在北京市同行业中处于遥遥领先的地位。

张一元茶庄

北京前门大栅栏22号，紧挨着同仁堂药店有个张一元茶庄，是安徽人士张昌翼（字文卿）在清光绪三十六年（1910年）创建的。近百年来门庭若市，三层小楼，门面古朴典雅，老北京人无人不晓。

张文卿1869年生于北京，幼年时其父外出闯荡，他由母亲抚养成人。七八岁时进南城同仁堂办的义学念书，念到十多岁。经安徽歙县的同乡介绍，到花市西口安徽人开的荣泰茶行学徒。三年后，在他学徒期满之际，他不仅学会如何进行茶叶拼配，而且懂得如何接待客人。荣泰掌柜见他肯吃苦，便提拔他到柜上管账，这样便给了他与同行打交道的机会。

做了几年管账的张文卿攒了一些钱，他立志要独自干出一番事业。大约在 1896 年，张文卿辞了柜，选了个黄道吉日，在崇文门外的花市大街路南的一家烟铺门前摆起茶叶摊。在那一时期，花市是京城赫赫有名的商业繁华区。张文卿摆的茶摊，虽然只有一个独凳，两条长凳，几块铺板，几个茶叶罐，但由于地界好，买卖不错。尤其是张文卿自己拼配的茶叶质量好，给的分量足，而且可以随意品尝，所以很受顾客欢迎。过了一段时间后，张文卿的茶叶摊就出了名。1900 年，茶叶摊后面的烟铺倒闭了，张文卿抓住机会，把三间门脸的店铺盘了过来。经过一番整理与装饰，又选了个好日子，高大敞亮的"张玉元茶庄"终于开张了。"张"是姓，自不必说；"玉"是名贵的茶花——玉茗的简称，故"玉"字为茶的隐喻；"元"字则含有"第一"的意思。三字合起来表示：张家第一个或第一等的茶庄。

张文卿开"张玉元"积累了些资金，1908 年在前门外观音寺附近（现大栅栏西口路北）开了第二家茶庄，取名"张一元茶庄"。新中国成立前，北京曾盛传张一元茶庄是张文卿用一元钱买了一张"黄河奖券"，巧中头奖，用赢得的这笔巨款开了张一元茶庄，这是错误的传言。张文卿之所以把他的茶庄起名为张一元，是根据"一元复始，万象更新"的传统说法，用"一元"预示其买卖开市大吉，并寓意永远兴旺发达。观音寺尽管比不上前门大栅栏热闹，但靠近八大胡同，有上百家的妓院。每天需要大量的高档茶叶。张文卿就派人到八大胡同的妓院挨门拜访管事和管账先生，送去上好的茶叶品尝。一送就够他们喝半个月的，喝完再送，如此一来，妓院的茶叶买卖便被他承包了下来。

靠着张玉元茶庄和张一元茶庄的经营积累，1910 年，张文卿在最热闹的前门大栅栏中间又开了第三家茶庄，叫"张一元文记茶庄"。何以称"文记"？"文"字取自张文卿字的中间字，这样，既表示该店有别于自己的前两个店，又表明这个开在最佳地段的茶庄是张文卿正宗的买卖。这个茶庄开业以后，张文卿就把主要精力投放在该店上。到 30 年代初，北京市的大多数杂货摊、铺都代销他的茶叶，大多数茶馆、澡堂、旅店、戏院都买他的茶叶。张一元的茶叶不仅誉满京城，而且远销天津、河北、东北、内蒙古等地。张文卿在 10 年间连续开了三家茶馆，表明他经营有道。不过，他在生活中却过着极其简朴的生活；他为人忠厚老实，讲究商业道德，"张一元茶庄"这一老字号的创立,也是凭借他注重茶叶质量以及周到的服务换来的。1947年冬天,张一元文记茶庄不幸发生火灾,几乎把铺子烧没了,张一元的老铺伤了元气。直到1952年,在老职工的一再要求下,重新开张。同年,张家关了张一元,与大栅栏的铺子合并,统称"张一元茶庄"。

全聚德烤鸭店

在中国餐饮业享有崇高声誉的"全聚德"烤鸭店始创于清同治三年(1864年),河北冀县杨全仁是其创始人。经营店铺位于老北京的前门大街,以经营宫廷御膳"挂炉烤鸭"闻名京城。经过几代人的努力,"全聚德"形成了以烤鸭为代表的美食精品和独特的饮食文化。

20世纪50年代,国家新创建了王府井全聚德烤鸭店,1979年,又在和平门建成了现今世界上最大的餐馆——北京全聚德烤鸭店。1993年,"全聚德"在北京全聚德烤鸭店、前门全聚德烤鸭店、王府井全聚德烤鸭店的基础上,组成了大型集团企业——中国北京全聚德烤鸭集团公司。同时,集50余家成员企业为一体,形成中国北京全聚德集团。其菜品经过130多年不断创新,逐渐形成了独树一帜的以烤鸭为代表、集"全鸭席"及400多道风味名菜于一体的全聚德菜系。全聚德烤鸭及菜品同样享有中华饮食精品的美名。

清道光十四年(1834年),杨全仁家乡闹灾害,二老又双双过世,杨全仁便来到北京谋生。开始他在鸭房里替人家放养鸭子,学会填鸭、宰杀鸭子的手艺。道光十七年(1837年),他与人合股在正阳桥头开了一个小小的鸡鸭摊,出售生鸡生鸭。他们从郊区采购来活鸡活鸭,自己宰杀,每天清晨摆摊出售,尽管过程艰辛,买卖还算顺利。不久,杨全仁便积攒起一些资金,在井儿胡同买了一处堆房,里面有三间北屋,一个小院。杨全仁请人用红纸写了"鸭局子"三个大字,贴在院门上。自此以后,"鸭局子"便成了他饲养和贩卖鸡鸭的大本营。他那小小的鸡鸭摊,也由正阳桥迁至肉市胡同的广和楼北口。等到生意步入正轨后,他决定与合伙人分手,自己独立创办事业。他每天起早贪黑,杀鸡宰

北京全聚德烤鸭店

鸭，到肉市上去摆摊出售。因为卖鸭比较卖鸡而言更容易赚钱，因而他开始逐渐以售卖鸭子为主。

同治三年（1864年），杨全德决定用自己多年的积蓄将位于前门大街一家濒临倒闭的"德聚全"干果铺购买下来。他请来了一位风水先生为自己的铺子起个字号。这位风水先生围着新店铺转了两圈后站定说："这是块风水宝地，前程不可限量，只是此店以前甚为倒运，要想冲其晦气，除非将'德聚全'的旧字号倒过来，称作'全聚德'，新字号才能步上坦途。"杨全仁一听正合心意，一来他的名字中占有一个"全"字，二来"聚德"的意思是聚拢德行，以标榜自己做买卖讲德行。于是，他请来一位对书法颇有造诣的秀才，挥笔书写了"全聚德"三个大字，制成金字匾额挂在门楣之上。闻名中外的老字号"全聚德"就这样诞生了。

开始，全聚德只是一个简陋的小饭铺，杨全仁雇佣了几位来自山东荣城县的厨师，盘了一座烤炉，经营烤鸭子和烤炉肉。到此店中的顾客只能吃到烤鸭子，要想吃荷叶饼或者炒菜只能到外面购买。杨全仁同时还继续操持生鸡生鸭的买卖。他的店铺挂有三块招贴，中间为金字招牌"全聚德"，左边为"炉肉铺"，右边为"鸡鸭店"。全聚德的生意在杨全仁精心经营下，逐渐强大起来，他雇佣的伙计也由几人增加至30多人。除了卖烤鸭、烤炉肉外，又增加了鸭油蛋羹、炸胗肝、鸭架汤几样汤菜，生意逐渐兴隆。

当时，北京的大街小巷到处都有烤鸭店。其中最火爆的要数米市胡同的老便宜坊。杨全仁暗自盘算着，要以老便宜坊为目标，在这饭馆行列中，打下自己的"百年基业"。杨全仁精明能干，他深知要想生意兴隆，就得靠好堂头、好厨师、好掌柜。因而，杨全仁经常亲自前往各类烤炉铺子里转悠，一来探访烤鸭门道，二来也是为了寻访到烤鸭高手。当时，东安门大街路南有一座门面不大的饭庄金华馆，专门供应清宫内和各王府所用烤猪、烤鸭。送进宫的烤猪、烤鸭要格外精心烤炙。金华馆内有一位姓孙的老师傅，技术高超，专管烤猪、烤鸭。他是山东福山人，曾在清宫御膳房特设的专做挂炉猪、挂炉鸭的"包哈局"里任差，精通清宫挂炉烤鸭的全部技术。后来离开宫苑来到金华馆掌炉。杨全仁千方百计与他交朋友，经常与他一起喝酒聊天，关系越来越密切。孙老师傅终于被杨全仁说动，在重金礼聘下，来到了全聚德。

全聚德有了宫廷御厨孙老师傅的加盟后，很快学会了清宫挂炉烤鸭的全部技术。孙老师傅把原来的烤炉改为炉身高大、炉膛深广、一炉可烤十几只鸭的挂炉，利用宫廷御膳房的"挂炉烤鸭"技术精制烤鸭，烤鸭质量与众不同，全聚德声誉日隆。这时，踌躇满志的杨全仁开始筹划更大的发展。他首先拆除了两排平房，使前后院连成一片，准备在此盖一座小楼。楼房尚未盖成，他便于光绪十六年（1890年），因患食道癌而死，时年68岁。以后全聚德的买卖由其次子杨庆茂掌管。全聚德的楼房在光绪二十七年（1901年）终于建成。楼房里外粉刷一新，大门中间和一层两边窗户的砖墙上面，赫然刻着几个大字，异常醒目，"全聚德"仍然居中，"鸡鸭店"在右，"老炉铺"在左。大门旁边还挂着两块铜幌子，上面写着："包办酒席，内有雅座"；"应时小卖，随意便酌"。楼房落成后，全聚德增添了各式炒菜，自此之后，全聚德由一个烤炉铺发展成为一个名副其实的饭馆了，并以经营挂炉烤鸭闻名京城。

正阳楼饭庄

正阳楼饭庄创业于清道光二十三年（1843年），距今已有150多年的历史，其创始人是山东掖县孙振清。现坐落在前门西打磨厂293号。

正阳楼饭庄创始人孙振清原本在山东老家务农，种有几亩盐碱地，一家四五口人勉强糊口度日。道光初年，掖县遭遇大旱，庄稼几乎颗粒无收，生活难以维继。深受生活所迫的孙振清不得不安顿好家小，独自一人前往京城谋生。到京后，住在前门外打磨厂的破庙里，白天出去干活，晚上回庙歇息。后来在同乡的帮助下，在前门外肉市摆了个小酒摊。为人诚恳的孙振清，做生意更是讲究实在，别人往酒中兑水，他坚决不兑，且为人和气，待客热情，因此，顾客逐渐增多，生意有了起色。由于人手不够，孙振清将其长子孙学仁从山东老家叫来帮忙。孙学仁虽然只是个十四五岁的孩子，但聪明勤劳，成了孙振清的得力助手。父子俩干了几年，有了一些积蓄，便想开个小酒馆，恰逢肉市南头路东的一家小酒馆关闭，孙振清趁机将小酒馆接手过来，又找了几个伙计、徒工，在道光二十三年（1843年）开业了。酒馆借"正阳门"之名取名为"正阳楼"，寓义生意兴旺，像正午太阳一样火热，长盛不衰。

正阳楼酒馆开业后，所经营的白酒、黄

正阳楼饭庄

酒，都是醇香好酒。酒菜自制，有煮花生、玫瑰枣、排叉、豆腐干、小酥鱼、辣白菜、羊头肉、猪口条等。每年秋天，增加大螃蟹。由于茶香酒醇，再加上对待客人热情，正阳楼的生意可谓是一日千里。

光绪初年，孙振清去世，由长子孙学仁主事。孙学仁从山东济南请来擅长做山东菜的老师傅掌灶，从此以后，正阳楼由原本单一的酒馆过渡到全面发展的饭馆。以后，随着生意的兴旺，又开了正明斋饽饽铺。

光绪末年时，孙学仁与其弟孙学仕产生矛盾，二兄弟诉讼于公堂，经调解，孙学仁主持正明斋，孙学仕主持正阳楼。

孙学仕社交广泛，为人豪爽，积极与各界人士结交，到民国初年（1923年），他又被推举为北京商会会长。从此，孙学仕不仅在商界赫赫有名，而且在军界、政界也有一定影响。正阳楼的成名，有助于孙学仕地位的提高，反过来孙学仕地位的提高，也有助于正阳楼生意的发展。在此期间，正阳楼的生意极其兴旺，天天顾客盈门。当时一些军政要人，如袁世凯、黎元洪、段祺瑞等，都是正阳楼的常客。然而，正阳楼的兴隆，更离不开上乘的饭菜质量，色、香、味、形具佳的菜肴对顾客更具有吸引力，当时店里有个炒菜的厨师叫王五，曾在清代王府当过厨师，手艺绝佳，一些达官贵族来到正阳楼，都纷纷点名吃他做的菜。

正阳楼除山东风味炒菜外，还有两种誉满全城的菜肴，即螃蟹和烤肉、涮肉。

知识链接

日升昌

票号是清代出现的一种金融机构，而开办最早的票号是日升昌票号，其创办者是山西平遥县达蒲村李氏。

日升昌票号的前身是西裕成颜料庄，总庄位于平遥，并在北京崇文门外设有分庄。清嘉庆末年，由于社会商品货币经济的发展，埠际间货币流通量大增，而过去的起标运银由于存在很大的安全隐患，无法适应新形势的需要，西裕成颜料庄首先在京、晋间试行汇兑办法，结果效果很好，便开始兼营汇兑业。道光初年，西裕成颜料庄正式更名为日升昌票号，专营汇兑。票号是很能赚银两的生意，估计从道光到同治年间50余年的时间内，财东李氏从日升昌票号分红高达200万银两以上。李氏在经商过程中，通常以聘任制的方式聘请商号经理，所以，李氏对经理人选非常重视。经理人选一经敲定，便任其行事，平时概不过问。只是到结账时，才听取经理汇报，最后分红取利，确定经理是否继续聘任。

1914年农历九月，在金融界活跃90余年的日升昌票号突然倒闭，该号之倒闭"于全国金融影响甚大"。《大公报》上曾有人撰专文分析其倒闭的原因，兹节录其文于下："日升昌至道光年间改为汇兑业，其东家李姓，山西平遥人。同治、光绪年间，其营业之发达，实为同行之冠，各省设立分号二十四处，其殷实可知。以如此殷实之票号，忽然一败涂地，其倒闭原因有以下数端：一、日升昌营业之中心点，在南不在北，南省码头最多，两次革命均受很大影响，此其一也。二、日升昌之款项，未革命之先均分配在南省。自革命后各省纸币充斥，现金缺乏，由南省调回现金，往返折扣，每百两亏至三十五两及五六十两。此种亏耗实足令人惊异，此又一也。三、日升昌当革命时，欠外数目约五百万，欠内之数七八百万，出入相抵，有盈无绌。然欠内之数目，成本已付诸东流，遑论利息。欠外之款项，该号为支持门面，维持信用起见，三年之中均未停利，此项亏耗又其一也。以上三项，均该号中亏折之远因。所以关闭如此之速者，尚有种种之近因。第一种之大原因为广西之官款。广西官府催迫甚急；动辄率兵威胁，计一年之中提取十余万两，犹日日前往催取。第二，该号之正经理为郭斗南，副经理为梁怀文，就资格论梁应居正。惟梁为人公正朴实，自革命后对于东家提用款项极力阻止，因此不能得东家之欢心，梁无可奈何遂于去岁出号。梁在号中素为大家所推崇，梁去人心为之瓦解。第三，京号经理因号事吃紧，托病回晋，一去不归。有此三种近因，日升昌遂乃一败涂地。"

正阳楼首先发明了螃蟹这道菜肴。秋天高粱红的时候螃蟹最肥，此时正是吃螃蟹的好季节，所以一到秋季，螃蟹这道菜肴便会在正阳楼的桌上出现。清人夏人虎撰《旧京琐记》中记载："肉市之正阳楼……蟹亦出名，蟹自胜芳来，先给正阳楼之挑选，始上市，故独佳，然价亦倍常。"正阳楼螃蟹出名首先是选料好，货源主要来自胜芳（河北省白洋淀），一是派人去胜芳收购，直接从渔民手中挑选大而鲜活的螃蟹，装篓运回北京；二是从当时前门外西河沿北京最大的螃蟹市场采购，主要采购胜芳来的螃蟹，因为正阳楼收购价比市场高出一至几倍，批发商都愿意把螃蟹卖给正阳楼，最后形成正阳楼采购员不来不开市的惯例。

正阳楼的螃蟹按个论价，并根据月份不同，售价也不一样。在农历七月，尖脐蟹肥则尖脐贵，到八月，团脐蟹肥则团脐贵，这就是过去常说的"七尖八团"。夏人虎在《旧京秋词》中还有一首赞正阳楼蟹美的诗句："经纶满腹亦寻常，同选双蟹入正阳。笑尔横行何太早，尖团七八不逢霜。"

正阳楼螃蟹在做法与吃法上，都很有讲究。首先将整只修好的螃蟹放在缸里，任顾客自由挑选，送到厨房，然后用麻绳将螃蟹的几个爪和两个大夹子捆好，放入笼中蒸熟，出锅后即可食用。为了方便顾客，还专门配备了一套吃螃蟹的餐具，即一个直径3寸厚1寸的小木墩、一个长5寸的小木锤和一个铁镊子。吃时将螃蟹放在小木墩上，用锤砸破，用镊子将肉夹出，在一个装有姜末、熟酱油、山西醋、浙江料酒的小盘里蘸一下，然后再吃，螃蟹味道鲜美又富有乐趣。

正阳楼的烤肉、涮肉也很出名。其涮肉的特点是：一选料精，他们派专人从外地，主要是从西口进羊，购进后先放入圈中喂养一段时间，待养肥后再宰杀。屠宰后，剥去羊皮，再分部位"压肉"，即在冰上盖一层席箔，将肉码在上面，肉上再盖一层油布，油布上再压冰，经过一天一夜，羊肉里的血汤和腥、膻、杂味都被压出，而且挺硬易切。二加工细，据《旧京琐记》中记载："肉市之正阳楼，以善切羊肉名，片薄如纸，无一不完整。"正阳楼有两位专门切羊肉片的老师傅，他们刀功好，切肉快而薄，切出肉片打卷，成刨花状。切好的羊肉片按上脑、黄瓜条、磨裆、大三叉、小三叉等不同部位分盘码放，交由顾客挑选。三佐料全，有高级酱油、米醋、小磨香油、酱豆腐、韭菜花、生熟麻酱、卤虾油、辣椒油、花椒油、料酒、小芥末、咸韭菜、香菜、葱花，火锅里放口蘑。

关于烤肉，《都门琐记》中也有记载："正阳楼以羊肉名，其烤肉置炉于庭，积炭盈盆，加铁栅其上，切生羊肉片极薄，渍以诸料，以盘盛之。其炉可围十数人，各持盘于炉旁，解衣端盘。且烤且啖，佐以烧酒，过者皆觉其香美。"《旧都文物略》一书中的"杂事略"中也写道："每年八、九月间。正阳楼之烤羊肉，都人恒重视之。炽炭于盘，以铁罩覆之，肉蘸醋、酱而炙于火，馨香四溢。食者

亦有姿势，一足之地，一足踏于小木几，持筷撩罩上，旁列酒尊，且炙且啖……"描绘了一幅享受美味佳肴的图景，使人身临其境，垂涎欲滴。

正阳楼的烤肉、涮肉在京城别具一格。因北京烤肉、涮肉的饭馆，历来以清真馆居多，而正阳楼是大教馆，在制作中不受宗教约束，火锅中不仅可用鸡、鸭汤，也可用猪肉汤，甚至放猪油。其中味道远非清真馆可以比拟，因此受到汉族民众的欢迎。

都一处烧麦馆

都一处烧麦馆创业于乾隆三年（1738年），其创始人是山西省浮山县北井村人王瑞福，至今已有270多年的历史。现位于前门大街36号，该店的主要特色就是经营烧麦与山东风味炒菜。

清氏初年，许多来到北京的山西人做生意都发家致富了。王瑞福也从老家骑毛驴、搭脚车，千辛万苦来到北京，投宿在前门外鹞儿胡同的"浮山会馆"。有一天，端坐在会馆后院西厢房土炕上的王端福，正在想自己在北京该做什么生意时，忽然门帘一掀，进来一位算命的同乡，王瑞福一时心血来潮，猛然抽了一签，那位算命先生验后大喜道："哈！老弟福在眼前，快到前门大街鲜鱼口南摆酒缸去！"（意指开酒铺）王瑞福一听欣喜若狂，立马招呼一起来的两位同乡，在会馆"首事"（召集人）的帮助下，买通了地面上的官吏，开起了酒铺。

那时的酒铺为了招揽生意，都在门前挑起一根竹杆，杆上挂个酒葫芦，作为酒铺的标志。说来也巧，正当王瑞福犯愁找不到葫芦挂时，路西有家酒铺正在换新葫芦，王瑞福走过去说了一通好话。最后，王瑞福没有花费一分钱，就得了个破葫芦，用竹杆挑起，"王家酒铺"便正式开业了。开业后，酒铺的生意很好，赚了钱，买了地皮，盖起了正规店铺。

王瑞福从小在乡里跟着"跑大棚"的人（办红白喜事的厨师）学会了一手制作凉菜的手艺，"糟肉""凉肉""马莲肉"等样样拿手。顾客饮着时下流行的"佛手露"酒，吃着味道鲜美的凉菜，极为惬意。从此，王

都一处烧麦馆

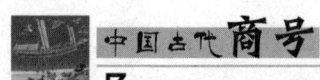

家酒铺顾客越来越多。

　　山西人一向就具有吃苦耐劳的品格和高超经营的本领。王瑞福办事勤俭，做生意细心，几年光景，小酒铺红火了。有了钱，他又在前门大街鲜鱼口南路东买下一块地皮，盖了两层小楼。小楼一层一进门是一大间木阁子房，左边是红案，切菜炒菜；右边是白案，做烧麦，包饺子。木阁子里面是营业室，有8张长方桌，两边放着长板凳，中间是通道，里面有放置在两旁的两口大酒缸，上面盖着木盖，也当桌子，再往里是柜房。二层有5间雅座，每间放有一张桌子，雅座外边有5张桌子，用于卖散座。自此以后，王记酒铺成为正式饭馆。但在门外仍然挂着那个破葫芦，因为王瑞福是凭借这个葫芦起家的，对其颇有感情，并希望它能给自己继续带来好运。而热情的顾客也把过去前门外一家有名酒馆的称谓——"碎葫芦"赠给了王记酒铺。一年大年三十，乾隆皇帝出宫巡视，看见一小店还在营业，便走了进去。此时王瑞福正在招待顾客，看见进来3位顾客，从装束上看，可分一主二仆，主人是文人打扮。王瑞福连忙把3人请到楼上饮酒，并殷勤招待。这位主人几盅酒下肚后，对这个酒味浓香、小菜可口、招待周到，且在大年三十晚上仍营业的小店产生了兴趣，于是便问："你们这个酒店叫什么名字？"回答："小店没有名字。"这位主人看了看周围，听了听外面的鞭炮声，很感慨地说："这个时候还开门营业，京都只有你们这一处了，就叫'都一处'吧！"王瑞福当时没有把这件事放在心上。乾隆回宫后，亲自写了"都一处"店名，将其刻在匾上。几天后，几个太监送来一块"都一处"的虎头匾，经太监说明，这块匾是当朝乾隆皇上御笔赏赐的，王瑞福立即向天扣拜，将匾挂在大木阁和营业室中间进门处，从此"都一处"取代了"王记酒铺"和"碎葫芦"。

砂锅居

　　砂锅居在乾隆六年（1741年）正式开业，以特色经营"砂锅白肉"享誉京城，至今已有270多年的历史了。原址在北京西城缸瓦市义达里，现址在西四南大街60号。实际上，今天的砂锅居是在原旧址上重新翻建成的3层楼房，店门两侧特制了2个直径1米多的巨型砂锅，据说锅盖就达100多斤，着实吸引了不少人的注意和光顾。

　　过去，北京有句顺口溜："东单西四鼓楼前。"意思是说，这些地方是北京城内最热闹的繁华闹市。西四再往南，到了缸瓦市，尽是些贩卖缸瓦瓷盆的，

就显得冷清多了。那么，既然缸瓦市并非北京的繁华去处，原来，那时这里有个"定王府"，所占地盘很大，在义达里有一个更房，是为王府守夜的更夫们住的地方。砂锅居就是从这里脱胎出来的。

清朝的旧俗，皇室、王府有"朝祭""夕祭""日祭""月祭"的制度，每年有祭神、祭祖的仪式，都是选用京东上等活猪（又叫作"鞭猪"）作为祭品；皇帝举行庆典时，也必以白煮全猪宴赏皇亲国戚。大家食用白煮全猪时，都席地而坐，用刀片吃猪肉，以表示不忘祖宗的遗风。每次祭祀完毕或宴罢，就把剩下的肉分赏给众人，有时更夫们也能一饱口福。后来，有一更夫提议，众更夫响应，串通了王府的厨师，在更房旁边临街的地方，依照王府中"烧""燎""白煮"的吃法开了一个小店，并取"和和顺顺"之意，称"和顺居"。由于从王府里弄来的那口煮肉大砂锅——直径4尺，深3尺，一次恰好能煮一只整猪。传说这是一口皇朝奉神煮食祭品的"神锅"，只要注入一锅清水，一夜之间就会变成满锅油汪汪的白汤。肉香给锅增添了一层奇异的色彩，锅的神话又给肉香平添传奇色彩，于是经过众人口口相传，人们只知砂锅，不管"和顺"，索性就都叫它"砂锅居"了。

同仁堂药店

同仁堂创建于清康熙八年（1669年），距今已有340多年历史。浙江宁波人乐显扬是同仁堂药店的创始人。现同仁堂集团公司在全国中药业具有名厂、名店、名药的优势。北京大栅栏同仁堂药店，地处于北京宣武区大栅栏大街24号；北京同仁堂崇文门药店，地处于北京崇文门外大街42号；北京同仁堂南城批发大楼药店，地处于北京宣武区珠市口大街23号；北京同仁堂参茸有限责任公司药店，地处于北京东城区东四北大街493号。

远近闻名的北京同仁堂乐家老铺，是乐氏家族"祖遗共有"、世代经营的药店。从清康熙八年乐显扬始创同仁堂药室，至新中国成立后1954年同仁堂公私合营，近300年来都是由乐氏家族为主要铺东和经营者，并且自始至终掌握着同仁堂关键的制药技术。

据乐氏宗谱记载，乐姓祖籍是浙江宁波府慈水镇，其先辈在明永乐年间移居北京，并以串铃走医为业。乐氏在北京的始祖乐良才就是一位走街串巷行医卖药的铃医。"铃医"在旧社会时期，是对民间医生的统称，他们手摇串铃，周游四方，负笈行医卖药，所以又叫作串铃医、走方郎中、草泽医等。

同仁堂药店

铃医治病与正统坐堂中医不同，它自成体系，针、药独特，治病取其速效，有验、便、廉的特点，医疗上往往能见奇效。

乐良才的儿子乐延松继承了其父的铃医衣钵，为了与大城市的医药需求相适应，开始研读中医经典理论和方药著作，使知识视野得以开拓，朝着正统中医药的方向转变。这种转变，又经过乐氏两代人的努力，延续到北京三世乐怀育、再传至四代乐显扬，在清初当上了清太医院吏目，结束了乐氏祖传的铃医生涯。

北京乐氏第四世乐显扬，号尊育，"诰封登仕郎，太医院吏目，晋封文林郎，赠中宪大夫"。乐显扬为人质朴，诚实，生活简约，喜欢研读方药著作，擅长分辨长相类似的药材。他认为："可以养生、可以济世者，唯医药为最。"因此，乐显扬毕生精力都在药方上，他精通修合之道，并有很深的体会，曾对人说："古方无不效之理，因修合未工，品味不正，故不能应症耳。"只要是他制作售出的药丸，药材都很地道，在遵照炮制规定的前提下，还能保证绝佳的药效。乐显扬由于具备了这样的学识、经验和条件，于是在康熙八年（1669年）创办了同仁堂药室。

堂名"同仁"，是由乐显扬亲自拟定的，他说过："'同仁'二字可以命堂名，吾喜其公而雅，需志之。"后世存于北京大栅栏同仁堂的一块老匾，成了这段历史的见证，所以立匾时的康熙八年（1669年）成为北京同仁堂肇始之时，乐显扬则为北京同仁堂的肇始之祖。

清康熙二十七年（1688年），乐显扬逝世。三子乐凤鸣恪守父训，接替祖业，于康熙四十一年（1702年）在北京前门外大栅栏路南开设同仁堂药铺。"官至内阁中书，封文林郎，例晋奉直大夫。"乐凤鸣自幼就跟随父亲学习医术，精通药理，在同仁堂药铺创业伊始，不惜五易寒暑之功，刻意精求丸散膏丹及各类剂型配方，在康熙四十五年（1706年）分门汇集成书，名为《乐氏世代祖传丸散膏丹下料配方》。该书收载宫廷秘方、古方、家传秘方、历代验方362首，序言中提出"遵肘后，辨地产，炮制虽繁必不敢省人工，品味虽贵必不敢减物力"，从而为同仁堂制作药品建立起了严格的选方、用药、配比及工艺规范。此后，同仁堂制售的各种药品，对症服用，一一应验，满足了医药上的广泛需求，在社会上很快树立起了良好的信誉。

为了方便医家和仕商选购药品，乐凤鸣还印制了《同仁堂药目》一册，迅速波及全国，同仁堂声誉大振，不仅许多患者商客前去光顾，而且连雍正初年时，清宫御药房用药也一定指令到同仁堂挑选药材。故此，世人称誉同仁堂曰："门擅桐君之术，家传葛氏之方。"

同仁堂生产的中成药包括800多种，以"十大王牌"最为著名。它们是安宫牛黄丸、苏合香丸、再造丸、安坤赞育丸、乌鸡白凤丸、局方至宝丹、紫雪散、大活络丹、参茸卫生丹、女金丹。加上牛黄清心丸、十香返魂丹和虎骨酒，合称为"十三太保"。

这里最值得称道的是与同仁堂字号一起名扬四海的独家特产——"安宫牛黄丸"和"乌鸡白凤丸"。

"安宫牛黄丸"是我国珍贵的中成药之一，用它治疗高烧不退、神昏谵语、脑炎及高血压引起的昏迷等危急病人，具有奇效。用它治疗乙型脑炎、脑血栓等病不但疗效显著，而且一般不留后遗症。

"乌鸡白凤丸"是用乌鸡配以人参、鹿角胶等补药精制而成的名贵中成药。它具有补气养血、健身益智、滋阴润颜等功效，对于妇女气血两亏、经血不调等多种病症有显著疗效。

由同仁堂生产的中成药具有极为精湛的工艺，从构进原材料到包装出厂，其间共包含上百种工序，对各种珍贵细料药的投放有极为严格的要求，其误差更是控制在微克以下。酒类要经过浸煮、过滤、圈缸等几十道工艺，除尽苦味，溶解药质，使药料中的有效成分溶于酒中。水丸泛制的工艺标准要求反复筛选。丸粒药大小均匀、颜色一致。

凡是同仁堂生产的中成药，都是上乘的质量保证。1954年，清产核资时，在大栅栏同仁堂药库中曾清理出一批清代末年制造的1000多丸活络丹、苏合香丸和再造丸。经查验，这些蜜丸依然色泽鲜艳、药香浓郁、药效不减。据知，在北京故宫博物院存藏中，保存有同仁堂百年以前所制作的御用成药，依然完好如初。

鹤年堂药店

创建于明朝嘉靖四年（1525年）的鹤年堂药店，距今已有480多年的历史，是久负盛名的中华老字商号。目前，鹤年堂在北京设有六个门市部：第一门市部，位于宣武区广内大街7号；第二门市部，位于宣武区广内大街460号；第三门市部，位于宣武区长椿街65号；第四门市部，位于宣武区牛街南口益民巷8号；第五门市部，位于宣武区南横街53号；第六门市部，位于宣武区长椿街7号楼。

"鹤年堂"三字金箔面凸体黑字巨匾，悬挂在店堂内，传说是明代权臣严嵩所书，匾长6尺有余，宽3尺，字满2尺，字体苍劲有力。作为珍贵文物，匾额照片曾在首都历史博物馆展出。悬挂在店堂外的"西鹤年堂"白底，黑字匾额，是严嵩的儿子严世藩所书。在严嵩所书匾额左旁配"调元气"，右旁配"养太和"及店门前的左右楹联"撷披赤箭青芝品，制式灵枢玉版篇"，为明代抗倭名将戚继光所书，字体苍劲饱满。店堂内有抱柱楹联一对，即"欲求养性延年物，须向兼收并蓄家"，为明朝弹劾严嵩十大罪状的大臣之一杨继盛（字仲芳，号椒山）所书。

北京菜市口东侧路北是鹤年堂药店的旧址，其位于严嵩花园前门处，丞相胡同，即严嵩的相府所在地在其对面。在明清时期，菜市口是朝廷处斩犯人的刑场。鹤年堂特殊的地理位置使其被迫成为接待监斩官的地方。行刑所用的刀就在鹤年堂的小楼上供奉。每逢处斩犯人的头一天，鹤年堂都被告知：进备酒菜，日后付款。次日，监斩官和刽子手首先在鹤年堂齐聚一桌，酒足饭饱之后开斩犯人。开斩之日，菜市口街市人头攒动，观者如潮。死者的家属多向刽子手馈以厚礼，请他们在人头落地时，用一个大馒头堵住脖颈，以防鲜血喷出。鹤年堂正是因此曾被人误认为卖起人血馒头，当然这纯属无稽之谈。

还有一个传说，光绪二十五年（1899年），金石古文字学家王懿荣患疟疾病，大夫开的药方中有一味药"龙骨"。这味药仅在鹤年堂能够买到。王懿荣打开药包后，意外发现"龙骨"上刻有类似篆文的文字。于是他把鹤年堂的这种"龙骨"全部买回。经过认真研究，他认定是古人在龟甲兽骨上刻的一种文字，就这样发现了震惊世界的甲骨文。这也是鹤年堂对揭示世界文明发展历史的一个重大贡献。

鹤年堂在400多年的经营过程中，股东变更多次。1927年，刘一峰以5万银圆将鹤年堂铺从王姓、于姓两位股东手中倒过来。由于刘一峰之父曾任同仁堂经理，所以鹤年堂的丸散配方及炮制，与同仁堂大致相同，加上子承父业的刘一峰，闻名遐迩的鹤年堂老字号以及刘家世代行医所创立的声望，都使鹤年堂的生意较之以往更加兴隆。正如《西鹤年堂价目表叙》中所讲："然不惟历史之久其声名洋溢早已飞驰各省，即就北京言之，凡谈及药肆者人人皆知，并非虚有其名，皆因妙剂良方用者奏效如神，有以致之也。本堂常年选择素有经验者分赴各省采购地道药材，修合炮制，取其精华，弃其糟粕，精益求精，力求进步。"

优质的汤剂饮片是鹤年堂闻名京城的重要因素之一。过去有这样的说法："要吃丸散膏丹，请到同仁堂；要吃汤剂饮片，请到鹤年堂。"可见，两"堂"各有优势，鹤年堂的汤剂饮片，全部选用地道的一级药材，如"金银花"系采购于河南，花嫩、不开朵、尖硬；白芍只用杭州的白芍，且必须粗细均匀。

在加工方面，也确有独到之处，品味既好，装潢又美观。加工方面的独到之处表现在饮片刀工上极其讲究。如郁金、杭勺等切极薄片，黄芪切斜片并且选用内蒙或库伦（蒙古国）产的绵黄芪，切片外表匀称、美观，便于煎服……如此饮片质量，在京城首屈一指。

鹤年堂药料精致、遵古炮制、不惜损耗、刀工精细，并保证药品的质量与疗效。只要是达官显贵，皆讲究吃中药时抓汤药，买饮片，哪怕路途再远，价格再高，也要前往鹤年堂购买。

知识链接

蔚泰厚

蔚泰厚原是介休侯氏开办的绸缎店。地处平遥县西街，与著名的日升昌票号中间只相隔一个小烧饼铺。眼巴巴看到日升昌由颜料庄改作票号后，生意更加兴隆的侯氏也想效仿，只可惜他一直没有找到能够经营票号的人选。恰巧这时日升昌副经理毛鸿（岁羽）与经理雷履泰闹意见，毛受到排挤，侯氏就趁机把毛氏拉了过来。道光十四年（1834年）蔚泰厚正式变更为票号，由毛氏（平遥邢村人）任总经理。毛氏感谢侯财东对他的赏识，

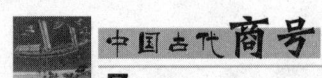

一心与日升昌决一雌雄，锐意经营，倒也使票号业务蒸蒸日上。毛又利用各种办法，将熟悉日升昌业务的伙友郝名扬、阎永安拉拢过来。仅仅一年工夫，蔚泰厚由于毛氏的精心经营，业务获得突破。蔚泰厚又请超山书院山长徐继畬帮助制订了严格的号规，对财东、经理、伙计职责、结账、伙友探亲、账簿、函信等管理均有明确规定。蔚泰厚建立了较为完整的规章制度，基础愈加雄厚，声势愈加显赫。一纸汇票传千里，几十万两银子立马可取，资金雄厚，业务繁荣，利润倍增。

蔚泰厚票号经理在毛氏之后是范友兰（平遥人），范以后是赵星垣（介休张垣人），赵以后为毛鸿翰（平遥梁村人），毛以后为杨松林（平遥曹村人）。约在民国五、六年（1916、1917年）倒闭歇业。

六必居酱园

创建于明朝嘉靖九年的六必居酱园，距今已有近480多年的历史。现坐落于北京前门粮食店街3号，主要经营酱渍菜、腌渍菜及各种酱类产品。

由于商业在明朝中叶时期日渐发达，前门大街逐渐发展为一条商业街。六必居就是这条街上著名的食品商店之一。店面房子是中国古式的木结构建筑，据说是清光绪庚子年间八国联军进北京时老房被烧后又重建的。1994年再次翻建，现在仍然保持着古香古色的建筑风格，门脸的装饰既华贵又凝重。

民间关于六必居开业的年代、名称的来历、牌匾的书写等，众说不一。但这半点没有影响六必居久远的历史，反而更为这家老店增添了一层神秘的传奇色彩。

有一种说法是，六必居开始营业时原本是一家酒馆，其自身不产酒，在别处趸来的酒经过加工后制成"伏酒"和"蒸酒"再售给顾客。伏酒和蒸酒的度数比市面上要高，一般可达到69度。由于酒馆配制的酒味香醇厚，再加上服务好，信誉佳，因而非常有名。为了确保酒的质量，老板煞费苦心地为酿酒作坊定下了六个"必须"，其中包括："黍稻必齐"（制酒的各种粮食原

第五章 古代著名商号与老字号

料必须备齐）；"曲蘖必实"（必须如实地按配方投料）；"湛之必洁"（浸泡酒曲必须保持洁净）；"陶瓷必良"（制酒用器皿必须是优质品）；"火候必得"（操作过程中火候必须掌握好）；"水泉必香"（制酒必须采用上好的泉水）。这就是"六必居"店名的由来。这也是流传至今的六必精神，其实说到底这是六必居老店主经商的一个信条，就是指做生意应当注重质量，诚信经营。六必居人将这"六必精神"保持了480多年，现在已经成为六必居的企业文化和企业精神的核心。

六必居

知识链接

六必居牌匾的故事

有一个说法是，六必居最初是由六个人出资合办的买卖，为提高知名度，招揽远近客人，就想了一个办法，请当朝权臣严嵩题写匾额，费尽周折求到了严府，严嵩挥笔为他们题写了"六心居"三个大字。但写后一细思量感到不妥，合伙的买卖得一心一意，劲往一处使才能财源广进，可这"六心"还怎么能合作？琢磨了一会儿，他又提起笔来，在"心"上添了一笔，成为"六必居"。也有人说，六必居的老店主当时想请严嵩题匾"六必居"三个字，但是，严嵩专横残暴，据说，大声啼哭的孩童只要听到严嵩的名字就吓得立即止住哭泣，于是，店主辗转经人介绍托到了严嵩的妻子。严嵩的妻子认为六必居是个小店，让严嵩题字恐怕惹他生气，于是心生一计。有一次，她猜测严嵩即将返回家时，假装练习写字。严嵩回家后，瞅着妻子写的字里有"六必居"三个字，写得非常难看，不由得皱起眉头，

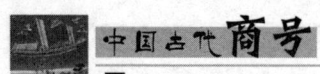

拿过笔来写了墨迹饱满的"六必居"三个字。这几个字写得苍劲有力，尤其是那"必"字，中间一笔一般人全写成一撇儿，而他则是一杠子直插入内，然后笔这么一提，就显得尤为霸道。店主收到由严嵩妻子悄悄转给他的这幅字大喜过望，捧着严嵩的墨宝远近宣扬。严嵩尽管是一个奸佞之徒，但其书法却颇见功底。加上他当时权势显赫，确实给"六必居"增色不少，酱园因此名振京城，生意兴隆。

围绕着严嵩写匾的故事历史给六必居也添上浓重的一笔。有意思的是，若干年来为了保护这块匾又产生了很多有趣的故事。有一说是，民国某一年，酱园的邻居不慎遭遇火灾，大火蔓延过来，殃及酱园，众伙计纷纷抢救财物及账簿，唯独一位老伙计，奋不顾身地冲进火海将牌匾抢了出来。这把大火虽然烧了房屋，但是店中的最珍贵的牌匾却得以幸存。店主为此重重奖励了这位有功的老店员。六必居经过几百年的风风雨雨，这块传世之匾，如今已成为无价之宝。

另有一种说法是，六必居是来自山西临汾的商人赵存仁、赵存义、赵存礼兄弟三人开办的小店铺，实际是柴米油盐的专卖店。他们讲，柴米油盐酱醋茶是开门七件事，日常生活必不可少。六必居除了不卖茶，其他六件都卖，所以取名"六必居"。历史上的山西商人有不畏艰难、勤俭吃苦的品质，极讲诚信又善经营，因此把一家普通的油盐店发展成为制作高档酱菜的酱园，"基业日隆，家道渐裕"，完全符合常理。

北京的腌、酱菜行业，传统上按各自生产酱菜的方法不同，分为三种风格类型，即老酱园、京酱园、南酱园。"京酱园"是北京的传统酱腌工艺，因此也叫作"京作"，其酱菜有甜、酸、辣的独特风格，以天源酱园为代表。"南酱园"是仿南方风味做法，口感更甜，大多数价格适中，销路广的酱腌菜，以桂馨斋酱园为代表。

"老酱园"来源于保定酱菜的做法，味道较咸，酱香浓郁，六必居酱园是这一类酱腌菜的杰出代表。该园依靠其酱菜精湛的技艺，品质上乘，佐餐味佳而数百年来声誉斐然不衰，驰名中外。

六必居的酱菜，其色泽鲜亮，酱香浓郁，脆嫩清香，口感醇厚，咸甜适度，解腻助食。目前，"六必居"品牌酱菜、酱系列品种已高达100个，瓶装60个品种，袋装20个品种。其中有12种传统产品，即稀黄酱、铺淋酱油、甜酱萝卜、甜酱黄瓜、甜酱甘露、甜酱黑菜、甜酱包瓜、甜酱姜芽、甜酱八宝菜、甜酱什香菜、甜酱瓜和白糖蒜。其中的甜酱黑菜、八宝瓜、白糖蒜等曾成为宫廷王府的御品。因为六必居风味酱的选料精细、制作严格，所以大为出名。该园的历代经营者都非常重视产品的质量和信誉，在选料上严格把关。例如黄瓜，不但要求条儿顺，还要顶花带刺，个头4—6条一斤；小酱萝卜也要求4—6条一斤。制作白糖蒜，选用长辛店李村李恩家或赵辛店范祥家种的"白皮六瓣"，每头重一两二三，七八头就一斤。夏至前三天起出来，不然就会老。买来的大蒜为了保持新鲜，必须带泥。这样在精选原料的基础上再加上细腻的操作规程，确保了六必居酱菜的高质量及良好的商业信誉，因此很受消费者的欢迎。

盛锡福帽店

始创于1912年的"盛锡福"是一家有80多年历史的著名老字号帽店。创始人是山东掖县的刘占恩。盛锡福现位于繁华的王府井大街196号，以经营选料考究、做工精细、美观大方、坚固耐用的各种帽子而久负盛名。

追溯历史，盛锡福的前身叫"盛聚福帽庄"，1912年山东掖县沙河镇湾头村人刘占恩，字锡三，创办地点在天津。刘锡三早年在青岛一家外国饭店当茶房，此人心细好学，在这期间学会了外语，后又经朋友介绍到美商"美清洋行"当实习生，学习出口草帽辫的业务。刘锡三在掌握了核心的业务知识以及技能之后，下定决心自己开店经营帽业。于是，1912年他一边在美清洋行打工的同时学习经营之道，一边又与其表兄合资在天津估衣街归贾胡同南口租了一间门面，开设了"盛聚福帽庄"，开始时制作草帽，秋天还做些弹棉花业务，买卖规模不大。合伙人在1925年因病去世后，刘锡三将盛聚福帽庄迁往北京，准备独自经营。他扩充门面、增加业务项目并将店名改为"盛锡福帽庄"，经注册以"三帽"为商标。"盛锡福"三字的含义分别是："盛"即繁盛、兴盛、全盛、鼎盛之意；"福"是幸福、福气、福分、吉祥之意；"锡"在古汉语中与"赐"同意，即赐给、赐予、赏赐之意。"盛锡福"的意

原北京盛锡福帽店

思是:谁戴上我的帽子,就会被赐予幸福、吉祥。另外商标中又包括"锡三"二字,暗指了刘锡三自己的名字与抱负。

刘锡三后来辞去了美清洋行的工作,将全部精力投入自己经营的盛锡福帽店中去。随着时间的推移,他在经营方式上摸索出了一套前店后厂、产销合一的整体形式,创出了盛锡福的经营特色:产品市场信息反馈快,生产组织灵活调整快,能根据市场需求不断推出风格独特的新款式的帽子,满足各阶层的需要,一句话就是:上得快、转得快、变得快。山东商人向来忠厚守信,再加上刘锡三这个人,心思缜密、善于发明,生意逐渐兴隆。他高价收购或定购优质原材料,高价聘请名师设计,店员整体素质高,制作的"三帽"牌帽子工艺精湛,经过多年的努力,远超同行业其他店、厂,"盛锡福"的名声越来越大。1931年,盛锡福首创用各色毛线、棉线与棕丝帽编制成各式帽子,在当时可谓是独树一帜。漂亮、时髦的产品,受到人们的普遍欢迎,不仅畅销国内各地,而且还在南洋群岛一带非常畅销。1934年增设毡帽工厂,自制呢帽胎，不靠进口，所用的全套制胎机器是刘锡三用 20 万银圆从德国礼和洋行购买而来，进口的澳洲羊毛是帽胎的原材料。制帽胎的技师都是从上海高薪聘请的，经过不断的技术改进，染色上胶，逐渐拥有属于自己的独特配方，克服了染色后膨胀松散的问题，色泽光鲜的毡帽在受潮后也不轻易变形，因此在国内外多次获奖。此时，盛锡福在全国各地设庄分销达 20 余处，各店的货源由各作坊根据天津总店的要求加工制作。总经理刘锡三时任山东旅津同乡会会长、华商工会监察委员，可谓是当时北方帽业的巨擘。

内联陞鞋店

始创于咸丰三年（1853 年）的内联陞鞋店，其创始人是河北武清县（今天津市武清区）人赵廷，至今已有近 150 年历史，使其闻名国内外的品牌是生产经营中国传统的千层底布鞋。现位于北京前门大栅栏 34 号，营业楼是雕梁画栋、富丽堂皇的古式建筑。

赵廷早年在一家鞋作坊学手艺，积累了一定的管理经验后，由京城一位丁大将军出资 1000 两白银入股，资助赵廷开办鞋店。当年，京城制作朝靴的鞋店不多，于是赵廷决定办朝靴店，为皇亲国戚、朝廷的文武百官制作靴鞋，鞋店取名"内联陞"。"内"指"大内"，意即朝廷，"联陞"是"连升三级"的吉利话，寓意是穿了该店制作的朝靴，可以在朝廷官运亨通。

开店 160 多年的内联陞鞋店旧址位于北京东江米巷（今台基厂）。1900 年，八国联军入侵北京，东江米巷被焚，内联陞毁于一旦；事后，赵廷又筹集资金，在奶子府（今乃兹府）重新开业。1912 年，袁世凯发动的北京兵变，又使内联陞鞋店被抢劫一空。赵廷在接二连三的打击下很快辞世，其子赵云书继承父业，将内联陞搬到前门廊房头条。1956 年公私合营后，又迁至大栅栏现址。

内联陞靠制作朝靴起家，从一开始就对朝靴的制作技术要求极高。朝靴鞋底厚达 32 层，但厚而不重；鞋面用上等黑缎，缎面厚，色泽好，久穿不起毛；穿着舒适轻巧，走路不发出响声。当时人们反映，穿内联陞朝靴上朝，人显得稳重干练；在官场应酬，又显得风度翩翩，所以受到满朝文武官员的喜爱。内联陞在当年的经营中更有一个绝招：把来店定做朝靴的官员需要的式样、尺寸都一一按人登记下来，汇编成册，取名《履中备载》，以后这些官员如再次买鞋，只要派人通知他，便可根据《备载》中的资料迅速做好送去，使这些官员十分满意。同时《备载》也为下级官员向朝官送礼提供了方便。就这样，内联陞的影响不断扩大，生意日益兴隆。因为朝靴销售很好，制作精良，因而其每双售价可高达数十两白银。

与此同时，内联陞还做洒鞋。洒鞋又叫作"轿夫洒"，是专供轿夫们所穿的布鞋。赵廷曾讲："要伺候好坐轿子的，也得想到抬轿子的。"洒鞋很实惠，结实耐磨、吸汗跟脚、走路无声，不但受到轿夫的一致欢迎，习武之人也很喜欢穿洒鞋。由朝靴到洒鞋，是内联陞发展的成功之举。

清式官靴在1911年辛亥革命爆发后，已经与实际情况不相符合了。随着时代变化，内联陞转而生产礼服呢面和缎子面的"千层底"布鞋。同时，又研制出牛皮底礼服呢面料的圆口鞋，其鞋底细瘦、轻巧、柔软，既有布鞋吸汗透气好的性能，又有皮底鞋富于弹性的特点，穿者潇洒、轻便、大方，深受知识界、文艺界人士的喜爱，服务对象改为社会上层人物。这期间，又有绣花鞋上市，花色、品种多种多样。

牛栏山二锅头

牛栏山地处于北京顺义区北部。东接下坡屯，东北靠史家口。传说，村北山中洞穴有金牛出没，所以称之为牛栏山。

传说这里原先是荒山野岭，杂草丛生，村民们衣食无着，生活十分困顿。后来，不知从何处来了一条金牛，栖息在山里的洞穴中，帮助这里的人们耕耘垦荒，使得荒地变为良田，村中的人们过上了富裕的生活，而金牛却悄然离开，不知去向了。为了怀念这只金牛，人们便把金牛所在的山称为牛栏山，靠山的这个村庄就是牛栏山村。牛栏山最早有人居住的年代已无从考证，20世纪80年代曾在此发现西

牛栏山二锅头

第五章 古代著名商号与老字号

周青铜器。北魏时牛栏山已有人居住，辽代曾在此设置牛栏山都统邻司。相传称，在萧太后时期，为了更方便观望潮白河上粮草的运输情况，她特意下令在牛栏山第四峰北端修建了一座望粮墩。明朝初年，设牛栏山递铺。清代此地曾名漕河营。这里的镇子在清朝康熙年间极为繁华，人民安居乐业，店铺有数百家之多。现存文物古迹有元末明初古建筑群"元圣宫"，旧称真武庙，在前后殿中，供有真武像和玉皇像，殿前建有钟鼓楼。20世纪50年代后成为牛栏山一中校址。在牛栏山中峰有金牛古洞，洞前有水槽，常年有水，金牛洞对面有天然形成的饮水池，传说金牛常在此出没。除此之外，还有灵变院等古迹，现已多遭损毁。

牛栏山地区的饮酒文化，有据可考的历史可追溯到我国3000年以前的西周时期。1982年在牛栏山酒厂附近出土的鼎、觯、爵等8件青铜器皿中，有5件都与酒息息相关。这些青铜器经有关专家分析推测，应在我国的西周年间。而牛栏山二锅头的酿酒历史可上溯到清朝年间，据《顺义县志》记载："造酒工者约百余人（受雇于治内十一家烧锅）。所酿之酒甘冽异常，为平北特产，销售邻县或平市，颇脍炙人口，而尤以牛栏山酒为最著。"此处所提及的"烧酒"，即牛栏山二锅头酒。历经数百年的发展，牛栏山二锅头酒已成为中国白酒清香型（二锅头工艺）代表，深受广大消费者青睐。

如今，在京城众多白酒品牌中，牛栏山酒厂是北京地区保持自主酿造规模最大的白酒生产企业；最早拥有"中华老字号""中国驰名商标"的白酒企业；唯一一家获得"原产地标记保护产品"认定的白酒企业；唯一拥有"中国酿酒大师"的白酒企业；唯一获准使用"纯粮固态发酵标志"的白酒企业；唯一具有"全国工业旅游示范点单位"荣誉称号的白酒企业。企业在发展规模、品牌知名度、市场竞争能力和整体经济效益等方面，都表现出强劲的发展势头。

牛栏山二锅头，二锅头之宗。作为京酒代表的牛栏山二锅头，已经具有800多年的历史。京师酿酒师蒸酒时，去第一锅"酒头"，弃第三锅"酒尾"，"掐头去尾取中段"，唯取第二锅之贵酿。牛栏山二锅头，宗气一脉相传，于2002年9月4日荣获"国家二锅头原产地认证"。

牛栏山酒，精选优质高粱和小麦等为原料，以豌豆、大麦等制成大曲为发酵剂，纯粮酿造绿色自然。从原料粉碎到成品酒灌装，历经糊化、发酵、蒸馏等十多道关键工序，倾心致力于传统工艺酿造。以清香型"牛栏山"牌为代表，四大系列共计110余种产品。

第二节
其他著名老字号与商号

果仁张

被誉为中华老字号的果仁张，是天津市的著名特产之一。果仁张制作的各种美味果仁，自然性显色和放香，香而不俗，甜而不腻，色泽鲜美，酥脆可口，久储不绵。其种类繁多，诸如琥珀花生仁、琥珀核桃仁、虎皮花生仁、净香花生仁、奶香瓜子仁、五香松子仁等优质产品。时至今日，果仁张已是家喻户晓，驰名海外以及深受各国消费者所喜爱的品牌。

果仁张发展至今，已经有160多年的历史，第一代张明纯和第二代张维顺曾在清宫御膳房当厨，专门炸制各种小食品，受到皇上嘉许和西太后赏识，于是被誉为宫廷小吃。新中国成立后，第三代张惠山炸制的净香花生仁、玻璃核桃仁、虎皮花生仁等品种，在1956年天津市饮食商业优质品种展览会上被评为优良食品，参加过博茨瓦纳国际博览会。周恩来总理在其生前接待外宾时，多次在宴会上准备果仁张制品。

果仁张精选优质果仁，果仁种类繁多，而且都具有很高的营养价值。

果仁张传统产品有：琥珀花生仁、琥珀核桃仁、虎皮花生仁、净香花生仁、奶香瓜子仁、五香松子仁。创新产品有：琥珀腰果仁、奶香杏仁，有奶香、五香、可可、麻辣、

天津果仁张

海菜、香草、橘香、柠檬、山楂、咖哩、薄荷、姜汁等多种口味的花生仁、蚕豆及青豆。果仁张食品具有香甜酥脆、美味可口、回味无穷、久储不绵的特点。它以其精湛的工艺、独特的风味闻名海内外，被誉为"食苑一绝"。

知识链接

蔚丰厚

由介休贾村侯氏开办的第二家票号就是蔚丰厚票号。道光十九年（1839年）开设，总号位于平遥县城内西大街，后设分号于京、津、汉口、沙市、上海、常德、长沙、扬州、江西、成都、重庆、三原、兰州、肃州、迪化（乌鲁木齐）、包头、哈尔滨等处。该号资本银17万两，每股以一万两作股，加上人力股俸，共计人银股50余股。所聘经理先后是阎永安（平遥人）、宋宝藩（清源人）、范凝晋（平遥人）、侯绍德（介休贾村人）、范定翰（平遥人）。刚创立时，每年都有三到五千两的盈利，光绪年间达到年获利20万两左右。该号专营汇兑、放款、贴现以及信托等，以"信义勤俭"为经营宗旨，要求票号内部职员不可以兼顾其他工作。

庚子事变后，蔚丰厚在西北陕西、甘肃、新疆一带的分号获利颇丰。光绪三十四年（1908年），甘肃大荒，各省募捐达百十万之巨，该号悉数陆续承汇。这一年，官钱局发生很大的风潮，大量的纸币无法兑现，甘肃地方共有四家票号，均各自观望。后官府邀请蔚丰厚经理张宗棋，请蔚丰厚票号出面维持。张宗棋慷慨地答应了下来，挺身而出，负责纸币代兑，没多久就将纸币涌兑的风潮摆平了。

民国初年，票号尽管遭受部分损失，但是不影响正常营业。1915年，蔚丰厚北京分庄经理郝登五（平遥人）出面，联合同仁，随时局变迁，改组为蔚丰商业银行。1920年公推傅善公为经理，扩充营业，把添新股，经营七年间，尽管没能赚取多大利润，但也没有吃亏。1921年受时局变化影响，宣告停业。

狗不理

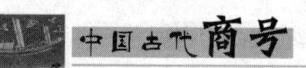

"狗不理"于1858年创立。清咸丰年间,河北武清县杨村(现天津市武清区)有个年轻人,名叫高贵友,因其父40得此子,为求平安养子,因而取乳名"狗子",期望他能像小狗一样好养活(按照北方习俗,此名饱含着淳朴挚爱的亲情)。

14岁来到天津学艺的狗子,在天津南运河边上的刘家蒸吃铺做小伙计,狗子心灵手巧又勤学好问,加上师傅们的精心指点,做包子的手艺不断长进,练就一手好活,很快就小有名气了。

三年师满后,高贵友已经将制作包子的各种手艺学会且融汇贯通了。于是就独立出来,自己开办了一家专营包子的小吃铺——"德聚号"。他用肥瘦鲜猪肉3:7的比例加适量的水,佐以排骨汤或肚汤,加上小磨香油、特制酱

天津狗不理包子店

油、姜末、葱末、调味剂等，精心调拌成包子馅料。包子皮用半发面，在搓条、放剂之后，擀成直径为8.5厘米左右、薄厚均匀的圆形皮。包入馅料，用手指精心捏折，同时用力将褶捻开，每个包子有固定的18个褶，褶花疏密一致，像极了白菊花的形状，最后上炉用硬气蒸制而成。

由于高贵友手艺好，做事又尤为认真，从不掺假，制作的包子口感柔软，鲜香不腻，形似菊花，色香味形都独具特色，他做的包子很受十里八乡的欢迎，生意日渐兴隆，名声很快就响亮了起来。因为每天都有许许多多的人前来光顾他的包子铺，高贵友经常因过于忙碌而顾不上与顾客说话，如此一来，吃包子的人都戏称他"狗子卖包子，不理人"。久而久之，人们喊顺了嘴，都叫他"狗不理"，把他所经营的包子叫作"狗不理包子"，而原店铺字号却逐渐被人们遗忘了！

传说，曾在天津担任直隶总督操练新军的袁世凯曾将"狗不理"包子当作贡品进献给慈禧太后。慈禧太后尝后大悦，曰："山中走兽云中雁，陆地牛羊海底鲜，不及狗不理香矣，食之长寿也。"从此，狗不理包子名声大振，逐渐在许多地方开设了分号。

狗不理包子以其味道鲜美而名满全国，闻名海内外。狗不理包子之所以备受欢迎，关键在于用料精细，制作讲究，在选料、配方、搅拌以至揉面、擀面等方面都有一定的绝招儿，做工上更是有明确的规格标准，特别是包子褶花匀称，每个包子都是18个褶。刚出屉的包子，大小整齐，色白面柔，看上去如薄雾之中的含苞秋菊，爽眼舒心，咬一口，油水汪汪，香而不腻，一直深得大众百姓和各国友人的青睐！

作为中国灿烂饮食文化瑰宝的狗不理包子，曾经被公推为驰名中外的"天津三绝"食品冠军。历经150多年的狗不理包子，经几代大师的不断创新和改良，已形成秉承传统的猪肉包、三鲜包、肉皮包和创新品种海鲜包、野菜包、全蟹包等6大系列100多个品种，百包百味，特色超群。先后摘取"商业部优质产品金鼎奖""中国最佳名小吃""国际名小吃"等多个国内外评选和大赛的金奖，被消费者誉为"津门老字号，中华第一包"。

楼外楼

"一楼风月当酣饮，十里湖山豁醉眸"这副楹联说的就是杭州西湖著名菜馆楼外楼。

作为具有160多年历史的楼外楼菜馆，是一家弛名海内外的中餐馆。它坐落在美丽西湖的孤山脚下，与西湖风景中的一些非常闻名的自然和人文景点，如平湖秋月、放鹤亭、玛瑙坡、西泠桥、苏小小墓、六一泉、四照阁、西泠印社、俞楼、秋瑾墓、中山公园、文澜阁、浙江博物馆等比邻而居。

楼外楼菜馆始建年代有清道光、同治、光绪三说，一般多认为道光二十八年（1848年）一说较为靠谱。创办楼外楼菜馆的是清代一位名叫洪瑞堂的落第文人。他与妻子陶氏秀英自双亲亡故后由绍兴东湖迁至钱塘，定居在孤山脚下的西泠桥畔，以划船捕鱼谋生——因夫妻双双是从鱼米之乡的绍兴而来，在烹制鲜鱼活虾方面尤其擅长。楼外楼先是捕鱼虾选佳者烹制出售，后来想到西泠桥一带没有饮食店，于是，他们在积攒了一些积蓄后，一起开了一间规模较小的菜馆，当初仅是一处平房，地处六一泉旁，位于俞楼与西泠印社之间。

菜馆的命名有两种说法。一种说法是店主从南宋诗人林升《题临安邸》"山外青山楼外楼，西湖歌舞几时休；暖风熏得游人醉，直把杭州作汴州"诗中得到启发而取名为"楼外楼"。另一种说法是因菜馆建在近代著名学者俞曲园（俞樾）先生俞楼前侧，洪瑞堂就到俞楼请先生命名，曲园先生说："既然你的菜馆在我俞楼外侧，那就借用南宋林升'山外青山楼外楼'的名句，叫作'楼外楼'吧！"这两种说法都为菜馆增添了文化情趣。

最初的楼外楼仅仅为一处平房，是西湖岸边非常不起眼的饭馆。但由于店主人善于经营，又烹制得一手以湖鲜为主的好菜，尤其是他很喜欢与文人交往，使得在杭及来杭的文人雅士把来楼外楼小酌，作为游湖时的首选，因此，生意日益兴隆，名声逐渐远播。

1926年，已颇有财力的洪氏传人洪顺森对楼外楼作了翻造扩建，将一楼一底两层楼扩建成有屋顶平台的"三层洋楼"，内装电扇、电话，成为当时杭州颇具现代气息的酒家，使其生意更为兴隆。在这期间，光临过楼外楼的文化名人有章太炎、鲁迅、郁达夫、余绍宋、马寅初、竺可桢、曹聚仁、楼

杭州楼外楼

适夷、梁实秋等以及蒋介石、陈立夫、孙科、张静江等政要。

1949年5月，杭州解放，楼外楼迎来了新的发展期，但直到1952年下半年，也还只有员工14人。政府在1955年批准了楼外楼公私合营的申请，让这家传统百年老店彻底摆脱了私人小店的局面。公私合营后的楼外楼得到了政府和政策的大力扶持，各方面的工作都大有起色，尤其是在恢复名菜特色上，更是成绩斐然。1956年，省人民政府认定杭州名菜36道，其中有10道就是楼外楼提供的。这10道名菜就是：西湖醋鱼、排面、叫化童鸡、油爆虾、干炸响铃、番茄锅巴、火腿蚕豆、火踵神仙鸭、鱼头汤、西湖莼菜汤。

1980年，楼外楼被列入杭州市体制改革试点单位；1983年实行了承包；1984年民主选举经理；1999年9月，进行了由全民所有制改制成国有法人和企业职工共同持股的多元投资主体的实业有限公司。这是百年老店在体制上的又一创举。

从20世纪90年代中期开始，杭州对西湖进行了大规模的整治，整个湖区的面貌由此焕然一新。楼外楼也分别对餐厅的各个包厢和大堂门面进行了先后6次的大装修。经过这番装修，楼外楼从外到里，从整体布局到细部结构都更好地表现出西湖的历史、地域的文化内涵，使人在此享受到美食美景的同时，又能自然地感受到浓浓的文化氛围和情调。

在这番整修中，楼外楼请东阳木雕大师陆光正为他们设计创作了一帧大型壁雕：《东坡浚湖图》。这帧壁雕有50平方米画面，85个人物，连成一气的5个场景，真实生动地记录和再现了900多年前苏东坡率众浚西湖筑苏堤架六桥的全过程。这是东阳木雕中少见的精品巨作，气势恢宏，精美绝伦，令每一个到楼外楼的宾客，都会眼睛一亮，在大饱口福之前，先饱一番眼福。

简略回顾楼外楼的160多年发展历程，最明确的一点就是，楼外楼的盛衰是和杭州及西湖的盛衰密切关联的，是和杭州及西湖的餐饮文化的盛衰密切关联的；只有杭州和西湖更加兴旺发达，楼外楼才能获得进一步的兴旺发达。因此，楼外楼是一定要为杭州及西湖的更加繁荣而尽心尽力，在新的时间中，一定要更加努力，更有作为，再上层楼！

老鼎丰

"老鼎丰"品牌是创立于浙江绍兴的黑龙江省著名商标，至今已有200多年历史，连续两次被国家认定为中华老字号。

品味御赐金字招牌"老鼎丰"的历史，也是品味百年老商号的兴盛史。

早在200年前，乾隆皇帝第二次下江南途经古城绍兴巡访时，来到一家果匠铺前品尝到的点心风味奇佳，不禁钦笔赏赐该果匠铺"老鼎丰"字号。意思是，锅里总是有吃不完的美味。

自那以后，老鼎丰点心便成了贡品，并以南味正宗名点传遍大江南北。从此，老鼎丰字号的果匠铺连续在全国各地开设分店，受到全国各地人们的欢迎。据说在全国各地有数百家，仅哈尔滨就有七家。

此处所讲的这家老鼎丰，是1911年开业的。当时位于哈尔滨道外正阳三道街（今靖宇大街216号），至今已有100多年的历史。当时叫作"老鼎丰南味货栈"。一面卖南味干鲜食品，一面自制自销南味点心。可谓生意兴隆，财源滚滚。

历经无数次兴衰，"老鼎丰"一直采取的是"前店后厂"的小本经营。20年代初，老鼎丰南味点心货栈主要是前店后厂式生产糕点，以制作精良著称，小批量的生产，出炉后直接销售，老鼎丰的月饼、槽子糕、长白糕渐渐小有名气。

30年代初，老鼎丰日益兴旺起来，每天生产的产品销售一空，并成为不可或缺的节日馈赠礼品，可谓买卖兴隆。东北沦陷后，老鼎丰经营举步维艰，王阿大、许欣庭被迫离开，老鼎丰留给了王阿大的女婿张毓岩。后因经营不善，转卖给商人张启滨，直到1946年公私合营，"老鼎丰"才从历史的深处走出来，重振炉灶。

知识链接

天成亨

天成亨票号原本是天成绸布货行。同治初年，由平遥县北娃庄的武子健担任总经理，县城人侯王宾担任协理。同治三年（1864年）改组为票号，武氏结束货业，公举侯王宾为经理。最初的财东为介休县张兰镇马辙林，后来票号逐渐兴旺，另添介休北贾村侯家资本银五万两，共计银股20股，马氏3股，侯氏17股，每股银3000两，人力股共7股多，改牌匾为天成亨票号，设分庄于北京、天津、两湖、陕甘、河南开封、新疆等地，员工共有一百多人，议定每四年结账一次。侯经理业务精熟，持筹得宜，首次账期人银股每分为利银一两多，余数作号中财神股俸，以后账期三、四、五、六、十千两不等。

侯氏去世后，介休张三镇张树屏（字建善）被公推为经理。光绪二十四年（1898年）开过余利7000余两，银股为6000两，人力共加至20多股。光绪二十八年（1902年）人银股开12000多两。张树屏去世后，又举平遥东游驾村人周承业（字敬斋）为经理。及至后来，清政府灭亡之际，时局不稳，土匪猖獗，各个分号都曾遭到不同程度的损失，汉口、成都、西安三处被匪劫银百十万两，待大局抵定，统算损失二百数十万银两。欠外陆续归清，外欠难指半数。整理数年，难复信用。1918年周君下世，又公推侯定元为经理，改组为银号，经营三载，勉力维持。不料1921年受本地钱铺买卖俄钞亏累，不久侯定元又去世，从此歇业。

老鼎丰公司在一百多年的发展历程中以弘扬中国糕点传统文化为宗旨，把继承中国糕点传统文化和创新发扬现代糕点工艺进行有机的结合。老鼎丰几代传人经过不懈努力使其技术、工艺不断完善，并已能自成体系。目前，糕点已发展形成上千品种，50余个系列品牌，形成了配方独到、工艺独特，色、香、味、形俱佳，自成一派的"哈式"体系，具有很强的地域代表性，在中国食品行业乃至东北地区有非常高的知名度和美誉度。

几十年来，老鼎丰牌糕点获得了近百项各级政府、协会授予的奖牌，其销售市场覆盖哈尔滨市及黑龙江省13个地市，连续三年通过省邮政速递将产品远销到全国各地，年产糕点数千吨，深受广大消费者喜爱，老鼎丰品牌糕点是婚庆、节日馈赠亲友的绝佳礼品。

知识链接

老凤祥

老凤祥首饰创立于 1848 年，距今已有 160 多年的历史，是中国首饰业的世纪品牌。国内唯一由一个世纪前相传至今的百年老店就是老凤祥银楼。上海老凤祥有限公司正是由创始于 1848 年的老凤祥银楼发展而来，其商标"老凤祥"的命名，也源于老凤祥银楼的字号。

上海老凤祥

迄今为止，老凤祥公司已发展成为集科工贸于一体，拥有老凤祥银楼有限公司、老凤祥首饰研究所有限公司、老凤祥珠宝首饰有限公司、老凤祥钻石加工中心有限公司等 20 多家子公司，首饰厂、银器厂、礼品厂、型材厂 4 个专业分厂，以及 60 余家连锁银楼、300 多家专卖店和 1000 多家经销商的大型首饰企业集团。

张小泉

1663 年，中华老字号张小泉品牌已经成名，其也是目前刀剪行业中唯一的中国驰名商标。2002 年通过了 ISO9001 质量管理体系认证，同年还获得原产地注册保护。产品包括家庭用剪系列、工农业园林剪系列、服装剪系列、美容美发剪系列、旅游礼品剪系列、刀具系列等共 100 多个品种，400 多个规格。在中国国内市场覆盖率和占有率一直高居同行榜首，同时产品还远销东南亚、欧美等地区。张小泉在国内外享有极高的知名度和美誉度,深受消费者信赖。

明崇祯年间,安徽黄山市黟县人张小泉带领自己的儿子张近高来杭州大井巷生产祖传剪刀。由于采用的原料是来自浙江龙泉的好钢,再加以精心制作,打出来的剪子锋快耐用,远非寻常剪刀所比。取牌名张大隆剪刀,清康熙二年,改名"张小泉"剪刀。张小泉去世后,其子张近高继承父业,为维护品牌权益,在"张小泉"名字下加上"近记"两字,视为正宗。乾隆年间,张小泉近记剪刀已列为贡品。清宣统三年,张小泉以"海云浴日"注册。至新中国成立前夕,张小泉剪刀店濒临停产,1956年张小泉等32家剪刀店实行公私合营,建成张小泉近记剪刀总厂。1958年6月,改名张小泉近记剪刀厂。张小泉剪刀以选料讲究、镶钢均匀、磨工精细、锋利异常、式样精美、经久耐用等优点而著称,名扬海内外。

知识链接

合盛元

合盛元原本为茶庄,道光十七年(1837年)改为票号,财东是祁县荣任堡郭源逢和祁县城关张廷将(大盛魁商号创办人张杰后裔)。合盛元最初股金白银为六万两,祁县城内西大街西廉苍是其总号所在地。首任经理梁寿昌,先后在北京、天津、太原、奉天(沈阳)、营口、安东(丹东)、西安、开封、上海、安庆、汉口等城市设庄。随着业务的发展,股金发展到10万银两。到19世纪80年代后又发展到50万两,公积金650万两,加上吸收的存款,周转资金可达1000万两。

合盛元后期的财东郭嵚、经理贺洪如等人为合盛元票号的发展作出了很大的贡献。甲午战争(1894年)爆发,东北局势混乱,票号业务受到重创。郭嵚、贺洪如慧眼识英才,委派年仅19岁的申树楷(字培植,1875年出生,祁县申村人)任东北营口分号经理。申氏力挽狂澜,使营口票号转危为安,重振业务,并进而以营口为基地,不仅在东北与日商、俄商竞争,而且还抓紧时机向国外发展。

合盛元票号于光绪二十二年（1896年）在丹东设立分庄后，又在被俄国势力控制的朝鲜新义州设立了代办所，开始了国际汇兑业务。光绪二十六年（1900年）新义州代办所改称合盛元支庄。光绪三十年（1904年）日俄爆发战争。第二年，战败后的俄国在朝鲜的特权被取消后，和日本在中国东北部重新划分包围圈。合盛元票号在夹缝中求生存，求发展，先后在四平、哈尔滨、齐齐哈尔、黑河等地设立了分庄，并进而向日本本土发展。光绪三十三年（1907年）在日本神户设立了合盛元神户支行。

合盛元票号不仅为留学生汇兑学杂费，还在对海外侨胞汇兑中给予其特别照顾和优待。

这里应指出，合盛元票号不惧风险，远渡重洋，设立支庄，开创了我国金融机构向海外设庄的新纪元。

合盛元票号在贺洪如、申树楷等的积极带领下，经过全体同人的不懈努力，业务日益繁盛，仅光绪三十三年（1907年）、三十四年（1908年），全年汇兑总额就在2000万元以上。即使在甲午战争后到辛亥革命前的逆境中，仍然得以平稳发展，每次账期分红利每股最多达14000银两，少者也有8000银两。清王朝灭亡后，山西票号在军阀混战期间损失惨重，纷纷倒闭，合盛元也未能幸免，终于在1914年宣告歇业。

张小泉主要以生产传统民用剪刀起家，它有"信花、山郎、五虎、圆头、长头"5款，靠镶钢均匀、钢铁分明、磨工精细、刃口锋利、销钉牢固、开合和顺、式样精巧、刻花新颖、经久耐用、物美价廉十大特点称雄制剪业。

"快似风走润如油，钢铁分明品种稠，裁剪江山成锦绣，杭州何止如并州。"这是我国杰出的剧作家田汉1966年走访张小泉剪刀厂时写下的一首赞美诗。

"张小泉"剪刀在乾隆年间被作为贡品，1915年在巴拿马万国博览会获二等奖，新中国三次全国评比均获第一名。

340多年来，张小泉的历代继承者一直恪守"良钢精作"的祖训，工善

其事。由于张小泉剪刀品质优良，使用者争相传诵。及至后来，张小泉剪刀销往宫廷后更是声名鹊起，享誉中国。尽管杭州的制剪业历经风雨依然繁荣，但毕竟这种模式带有浓厚的小农经济色彩，发展迟缓。旧中国落后的生产关系，又大大制约了工业的发展。到了解放战争前夕，杭州制剪工业早已丧失了往日的辉煌，日见凋敝。

国家为了统一筹建杭州张小泉剪刀厂，拨款高达40万元！加上筹备会自筹的20万元，新企业在同年10月破土动工。1958年，地方国营杭州张小泉剪刀厂正式被政府授牌成立，当时企业的员工已达816名。

"张小泉"品牌的产品，以其精良的品质和诚挚的服务态度得到了中国消费者广泛的认同。"张小泉"人也没有辜负广大人民的厚爱和期望，连连在中国质量评比中夺得桂冠，成了中国刀剪业唯一的"五连冠"。1997年，"张小泉"被评定为中国驰名商标。2002年，获原产地注册保护。2000年，企业顺利通过转制，杭州张小泉集团有限公司宣告成立，向现代企业制度迈出了决定性的一步。企业所有员工决心用自己的智慧和努力，创造新的辉煌，为"张小泉"这个中华民族的优秀品牌增添新的光彩。

知识链接

张小泉的来历

有关张小泉品牌的诞生，还流传着这样一个优美的故事：传说有个张铁匠，因为母亲生下他时，"扑通"一声掉进了泉水里，所以将其命名为"张小泉"。张铁匠因为在家乡得罪了一个恶霸，就带着三个儿子来到杭州谋生，爷儿四人在杭州大井巷里开铁铺。

那一时期的城隍脚下的大井巷，是十分繁华的商业区。张小泉的手艺不错，对顾客又很殷勤，卖的铁器式样新颖，所以人们都愿意来光顾。但是，很少有人知道张小泉还有一手出色的水底功夫。离铁匠铺不远有一口井。井水清冽甘甜，附近的人家都靠这口井的水生活。可是有一天，这口井的水却忽然浑浊起来，翻着泡沫，还散发出刺鼻的气味。张小泉的大儿子抢先吊起一桶水，一看，又黑又浑，还有股腥臭味，于是倒掉，再吊一桶，还是这样。质朴的人们在惊慌失措之下纷纷来到井边祈祷神灵帮忙。

住在这里的一位百岁老爷爷这个时候说话了。他捋捋胡须说："小时候我听老辈人讲过，这口井是通钱塘江的，江里有两条乌蛇，每隔一千年下来一次，总喜欢钻到这口井里来生小乌蛇。如今井水变坏了，说不定就是它们来了。"这可怎么办？人们一听是这样，都苦恼不已。

在家里等儿子挑水回家的张小泉，等了一个时辰也没等到儿子回家。得知这件事后，他便自告奋勇前去井底探查一番。张小泉叫儿子买来了老酒和雄黄，把雄黄倒进老酒里，顺手捧起一坛，"咕咚咕咚"一口气喝进肚子里，然后系上绳子，拿上大锤，英勇无畏地就跳进了大井。

因为喝了雄黄酒，张小泉一点也不怕乌蛇，他四下寻找，终于在暗角发现了这两条黑得发亮的乌蛇，粗如人的手臂，紧紧盘绕在那里。张小泉眼明手快，不等两条乌蛇分开就挥起大锤，朝着蛇的七寸敲去，"铛、铛、铛"一连三记，锤锤都中乌蛇的要害，竟把两蛇的颈脖砸得扁扁的，粘在一起。

张小泉砸死了乌蛇，就一手提着大锤，一手拎着蛇尾爬出了井圈。他把两条乌蛇往地上一摔，只听得清脆的一声巨响，把人们吓了一大跳，原来这两条乌蛇修炼了几千年，早已炼成钢筋铁骨了，要不是盘在一起，张小泉恐怕一下子还无法收拾它们。除掉了乌蛇，大井里的水再次恢复了清澈。

爷儿四人后来把死蛇拖回家，张小泉是个有心思的人，见蛇尾弯曲，就蹲在地上看，不由灵光一现。他一面看一面想，在泥地上画出一个图样来。后来按图样，在蛇颈相交的地方安上一枚钉子，把蛇尾弯过来的地方做成把手，又把蛇颈上面的一段敲扁，磨得飞快。这就成了张小泉造出的第一把大剪刀。

第六章

古代商人的社会生活

在封建社会，商人们历来被上居人物所歧视，商人的社会地位十分低下，他们很难获得社会的认可。一旦有了大量的物质财富，有了相当的经济地位，在政治和社会地位上也要争得一席之地，是可以理解的。商人家庭及商人家族是组成商人生活的重要方面。因为不论是那些富商大贾还是那些小商小贩，不论是外出行商还是列肆坐卖，他们都需要一个相对稳定和睦的家庭，而在长期的封建社会中，一些家庭往往又是控制在某一家族之中的。试想一个商人，当他出门在外，家中妻儿父母日夜盼其归来；当其经商多年，满载而归，一家团聚，拥妻携子，又是何等融洽。然而封建社会中的商人家族和家庭并非完全如此，在他们的家庭生活中也同样充满了酸甜苦辣，本章将为你一一讲述。

第一节
商人的社会活动

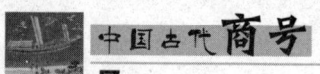

修路、筑桥、兴水利

　　古往今来，商人为人民群众作出了许多贡献，其中尤其突出的贡献就是修路、筑桥以及兴水利。这些活动主要是在商人的家乡进行，也有居住在外地的商人，给当地兴办公益出钱的。特别是徽商和晋商，因为他们资本雄厚，办这些事业就更多一些。就徽商而言，差不多稍有实力的大商人都在本地有义举行为，比如遭遇天灾，粮食减产，他们就会拿出粮米进行赈济；一些人鳏寡孤独，无依无靠，他们就给予钱物接济等。如果是本宗族内出现某些困难，商人更是认为自己有义不容辞的义务。当然商人们有其自身的利益和目的。

　　在很多地方人们都是聚族而居的，其聚居的规模大小不同，通常来说，南方的规模比较大，北方比较小，大的有万余家，小的也有数百家、几十家，至今在很多农村仍保留着这种情况。商人们回到故乡做善事，在很大程度上是出于对本宗族利益的考虑。虽然如此，宗族也是构成社会的一部分，特别是大的宗族，几个村甚至一个县、几个县聚族而居，它本身就构成了一个小社会，因此商人们在这个范围内施行义举，也能起到积极的社会效果。

　　商人们用钱财修路、筑桥，在很多的材料中都记载着被修筑的路、桥用出资商人命名的情况。

　　徽州休宁县一位叫汪五就的商人，小时贫困，后来经商发了财，他的家乡有二里长的土堤，有些坍塌，他便出资修建了牢固的石堤。乡亲们便为他树碑立祠，称这段堤坝为"五就公堤"。

　　岩寺一商人叫佘文义，为了使行人出行方便，捐资4000金，在岩镇

第六章　古代商人的社会生活

修桥铺路造福乡里

水口修建了一座石桥，人们将这座桥叫作"佘公桥"。他活了80多岁，一生中办了很多好事，史料记载他"置义田、义屋、义塾、义冢，以赡族济贫，所费万糟"。

　　婺源县一位叫詹文锡的商人，偶然一次需要到四川经商，到了重庆地界。当地人把位于涪合处的一段险道称作"惊梦滩"。此处悬崖峭壁，一叶小舟都难以通过。他把这件事记在了心上。过了几年，经商有了资本，他又再一次来到这里，毅然拿出数千金，雇佣当地人凿山开道，使舟船行驶更加便利，当地人为了纪念他的这一善举在此处特意竖立一个石碑，称此处为"詹商岭"。该县还有一位叫余源开的商人，经商有了钱，在家乡做了很多好事，如宗祠毁坏，捐金营葺；文社废弛，输田振兴；道路难行，独力修平；还创义祭、建石桥等，人们送给他一块匾额，题曰"见义勇为"。

　　关于晋商办公益、施义举的记载有很多。山西《灵石县志》记载：商人张佩贸易于直隶后归故里，"建桥修路输金赈贫，又设义冢二所，以待村中之贫而无葬地者"。《稷山县志》记载：商人刘世英"凡修桥梁平道路浚沟洫皆独任其劳。"商人孙世杰，"赋性好施，贸易京都，修桥路以济人行"。《安泽

167

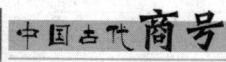

县志》记载：商人乔廷楹，"慷慨好善，凡里中婚嫁丧葬无力者，无不罄囊相助，至修桥补路犹其小焉者"。

建宗祠、办义学、开设书院

大多数商人在经商活动中，都需要获得宗族的支持，尤其是聚族而居的地区更是如此。比如开始经商时，其资本有的是来自宗族内部凑集的，经商者使用的伙计、助手等也往往出自宗族。有的宗族提倡族人去经商，以壮大本宗族的财势或以此为解决家境贫困的一条生路，促使商人产生的动因之一就是更好地维护宗族的利益。宗族与经商有这样亲密的关系，当然作为已经经商者或经商已致富者一定会竭尽全力维护宗族的利益，并且保证宗族的繁衍生存。表现一个宗族存在并使宗族具有很强凝聚力的象征和手段之一就是建立本宗族的宗祠，所以我们看到许多商人发了财之后，都会投入大量人力物力用在修建宗祠上。

商人们还热衷于办义学、建书院。此举出于两点考虑：一是为了宗族的兴

建书院回馈乡里

第六章 古代商人的社会生活

盛，要培养有文化、有知识的后人；二是古代商人的社会地位很低，他们只有使自己的子弟通过读书入仕提高社会地位。因而，在商人的乡土内，义学和书院有很多，也有很浓厚的读书风气。像徽商的出生地之一的歙县有书院达数十个，其中最有名的是紫阳书院，这个书院就是商人鲍氏家族捐银数千两修建成的。所以，在歙县的大部分读书人都在义学和书院里读书，只有极少数读书人在府县学习。捐资助赈、助饷关于商人这方面的举动记载很多。凡遇自然灾害，粮食歉收的年景，商人们就会拿出钱粮予以救济，尤其是财力雄厚的盐商对义举之事更是慷慨大方。曾主持两淮盐务的大盐商汪应庚，史籍记载其多次出资助赈：雍正九年（1731年），海啸成灾，"作糜以赈伍佑卞仓等场者三月"；雍正十年（1732年）、十一年（1733年），江潮迭泛，"州民仳离，应庚先出橐金安定之，随运米数千石往给"，雍正十二年（1734年），"复运谷数万石，使得哺以待麦秸，是举存活9万余人"；乾隆三十年（1765年），岁饥"首万金备赈，及公厂煮赈。更独为展赈八厂一月，所赈至9641000余口"。偶尔也会有商人们集体捐资助赈的情况，乾隆三年（1738年）盐政三保曾上奏皇帝，声称："众商以扬郡（扬州）被旱，愿设八厂煮粥，自本年十一月起至次年二月止，共捐银127166两有余。"乾隆七年（1742年）盐政准泰上奏，声称："以扬（扬州）水灾，两淮商人等公捐银24万两。"

两淮总商鲍漱芳，带领众商助赈行为更是为人们所传颂：嘉庆十年（1805年）洪泽湖涨决，车逻、五里诸坝灾民嗷嗷待食，"漱芳集议公捐米6万石助赈"；同年淮黄大水，"漱芳倡议仍设厂赈济，并力请公捐麦4万石展赈两月，所存活者不下数十万"；他本人多次捐银累计上亿两浚河道、修堤坝。

知识链接

商人是古代军需的主要出资人

只要国家发生战乱打仗等情况，其中大半的粮饷都是来自商人的贡献，我们称这种行为叫助饷。此举也是以盐商参加最为积极。据记载，凡政府

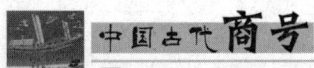

有军事行动,商人出资"报效"已成定例。在清朝时期,商人开始参与助饷活动。因为清朝建立后,国内的军事战争一直不断,乾隆皇帝自称其有"十全武功",表明军事行动的频繁。政府的财力被频繁的战事耗尽,商人们为了维护自身权益只有巴结政府,就会主动拿出钱物支持政府。据官书上称:"乾隆中金川两次用兵,西域荡平,伊犁屯田,平定台匪,后藏用兵,及嘉庆初川、楚、陕之乱,淮、浙、芦、东各商所捐,自数十万、百万以至八百万,通计不下三千万。其因他事捐输,迄于光绪、宣统年间,不可胜举。"事实上商人们也有着自己的考虑,他们的财富来自盐业,经营盐业又需要政府的支持,有时他们就是凭借着政府给予的特权致富的,所以拿出钱来支持政府,对他们来说是一桩利大于弊的买卖,政府总会在事后给予他们更多特权,从而使商人赚更多钱财。

第二节
商人宗族与家庭生活

商人的宗族势力

宗族,又叫族,是以血缘关系为基础,以父系家长制为核心,按照长幼尊卑为伦理原则的生活团体。清初赵吉士在讲述安徽地区的家族情况时认为:"新安各姓,聚族而居,出入齿让,其风气最为古朴。一姓村中,绝无杂姓掺入,由宗祠所统辖。每当岁时祭日,千丁皆集。所有礼节,彬

第六章 古代商人的社会生活

彬合度。"新安人以"千年之家不动一抔；千丁之族，未尝散处；千载之谱系，丝毫不紊；主仆之严，虽数十世不改"为自豪。这就是明清时期徽州典型的累世义居的家族生活方式或宗族组织形式。徽州是商业发达、商人辈出的地方，那些商人出身于这样的聚居家族，就使古老的宗族更增加了一层商业色彩，从而导致了商人家族以经商为主业的决心。这种商人宗族的形式还要具备三个条件：一是宗族所在地处僻壤，土瘠田窄，无以谋生，所以很多人一起外出谋求生路；二是外出者虽有经商之名，其实并无资本，而是向族内大户借贷或同族合股集资；三是商业赢利很大一部分输回族内，一方面提供给其父母妻子使用，另一方面保证宗族集体活动所需。当然这类商人家族族内也有一种不成文的分工：既有外出经商者，也有在家务农者。《名山藏·货殖记》记载汤阴郑家，代不分居，多田饶材，"诸农贾所入，皆囷之，有婚嫁，族长主其费，寸布斗粟无私者"。成化年间，赶上荒年，在临清行商的郑五老，每次归来，"倒橐囊，锦帛委地"，就是指他辛苦所赚的钱财全部拿出来供宗族所用。由于谋生的需要，又由于商业利润的吸引，更由于从众心理的驱使，越来越多的村民族众开始争相走上经商的道路。《全唐文》所载《祁门县新修阊门溪记》中说祁门县"千里之内，业于茶者七八矣"。也就是说，祁门境内，百分之七八十的人都经营茶业。更有甚者，许多宗族已把经商当作维护本族社会声望的手段，以宗法的力量把同族的青壮丁众逼向商旅之途，导致在土地十分紧缺的情况下，仍有一些良田因无力耕作而抛荒闲置。在这类宗族观念里，经商本身就带有非常强烈的宗法色彩。这种色彩在一定的历史时期或在特定的历史条件下，对商业的发展会有促进和保证作用。

元明以来，我国形成了几支在全国颇具实力的商人集团或称商帮。如晋商、徽商、闽商、粤商等。而这些商人集团的活跃又与宗族势力息息相关。这种联系首先表现在经济方面。明人金声在《与歙令君书》中指出：

夫两邑（歙县，休宁）人以业贾故，挈其亲戚知交而与共事，以故一家得业，不独一家食焉而已，其大者能活千家百家，下亦数十家、数家。

这种一家经商而能维系全族生活的经济结构模式，是形成并维系着宗族聚居生活的保证。因为商人盈利和全族的日常生活息息相关，因而在徽人家族中，有人愿意外出经商往往会得到来自全族的支持与帮助。也正因为如此，一些徽商家庭，尽管迁到别的地方已经好几代，当中又从来没有回过徽州，还是不改他们的籍贯,一直以徽州籍自居。在《徽州府志》中有一张"进士表",所载的 978 名进士里面,有 304 名出自落籍于其他省府、州县的盐商家庭。足见盐商家庭联络的广泛。又据《歙县县志》记载,徽州土著望族共 14 家。在清代盐商全盛时期,有 4 家曾经接连出任两淮盐署"总商"的之职;有 12 家曾在《新安名族志》里列过名;还有 10 家在府志的进士表中出现,而其中的潭渡黄家、岑山程家、潜口汪家、雄村曹家和棠樾鲍家更是名列歙县 37 家在府志表上出过 3 名进士以上的望族之中。由此可见,这些徽州盐商故家望族,不仅在经商上取得很好的成就,还在封建仕途上取得相当不错的成绩。

　　家庭是社会的基本细胞,也是社会最基本的经济单位。从古到今,我国的商人就是以家庭为单位经营商业的,这种家庭的经营以父子、兄弟之间的合作最为常见。明代中叶,随着商品经济愈加繁荣,商业竞争也更为激烈。商人在经营活动中仅仅依靠家庭的力量已不足以参与较大规模的竞争,于是宗族亲缘组织在商业经营活动中开始发挥越来越大的作用。宗族是指血缘关系明确、存在经济联系并往往同居一地的父系组织。宗族有大有小,类型多种多样。典型的宗族一般有宗祠、族田、族规、族学、族武装、族墓地等,并常与地缘结合而出现单姓村。宗族血缘圈使家庭扩大,具有极强的凝聚力。在经商活动中借助宗族势力后,商人在商业竞争上从而有了与他人相争的力量。

　　借助宗族势力,商人可以获取资金和人力上的支持。徽人经商的原始资本大多与宗族息息相关。只要做官的有多余的俸禄或者是经商的人有多余的资金,往往愿意资助族人经商。此外徽商所雇佣的伙计大多为族人,因为最能得到信任的伙计自然是族人。由于宗族势力在资金与人力上的支持,使徽人经商之势经久不衰。徽人善贾,在社会上是很有名气的。

　　关于封建商业的掠夺,其本质就是通过贱买贵卖赚取商业利益。在各地市场上,坐贾为实现贵卖展开竞争,要最大限度地提高利润率,只有排斥竞争,建立垄断。徽商坐贾对地方市场的垄断是从两个方面完成的:第一,控制城镇市集的全部贸易;第二,把持某一行业的全部业务。

　　要想将某一行业进行绝对垄断,来自宗族势力的全力支持是很有必要的。徽人外出经商,在城镇市集落脚后,其族人随之而来,其乡党也随之而来。大量徽商涌入同一集镇,造成人力、财力上的优势。他们的竞争策略是族人乡党从事同一行业,凭借雄厚的资本,采取统一行动,降低典利,挤垮本薄利高的一帮商人。除了稳定下来的坐贾之外,徽州富商大贾周游天下,西藏、台湾、东北、闽粤乃至海外都有他们的足迹。行商的利润是由同一商品贱买

第六章 古代商人的社会生活

贵卖所造成的差额以及剥削运输工人所得的利润组成。行商比坐贾的经营活动要更加复杂多变，其利润率高低取决于对市场需求的正确判断和预测，货运周转率，正确估计季节对价格的影响以及运输工人的工资数额等。受这些因素的制约，贩运性贸易的经营方式往往是集团型的。资本越大，组织越严密，竞争力越强，同样离不开宗族势力的支持。15—16世纪以后，中国南部一些商品经济比较繁荣的地区，宗族有了普遍的提升。国内外学者曾对珠江三角洲地区作了研究，指出该地区商品经济的发展与宗族组织的发展几乎是同步的。例如在手工业和商业最为繁荣的佛山镇，几乎所有的大家族都经历了共同的发展道路：从事商业、手工业致富后，重视教育，培养子弟读书入仕，建设祠堂，发展族田、商店等共有财产，从而集合族人。中国近代商人表现出的一个显著特征就是借助宗族血缘组织的力量参与商业竞争。

知识链接

广升药店

山西省太谷县广升药店的前身是广盛药铺，始建于明朝嘉靖年间。广盛药铺原是到太谷县行医的某大夫开办，后被当地地主杜氏所霸占。清朝嘉庆年间，药店改组，新增姚聚等人入股，药店于是更名为广升（聚记）药店。

广升药店出售的自制中成药龟龄集和定坤丹，在历史上颇有名气，现在仍然驰名海内外。这两种药原本都是宫廷药品。据说龟龄集是明代方士向嘉靖皇帝进献的一种长生不老药，后由方士陶仲文的义子太谷县陶某将配方抄出，又经太谷药铺修改定名为龟龄集，从此流传于世。当然，世界上根本没有什么长生不老药，方士说这种药能长生不老也是不可信的。但此药确有增进人体新陈代谢，调整各部机能，加强血液循环，滋阳补肾作用，特别对年老体虚者疗效良好。定坤丹是专治妇女经血不调的中成药。清朝宫女一般是十五岁入宫，二十五岁才能出宫婚配。长期的宫禁生活，使

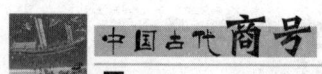

大多数宫女精神忧郁，体力虚弱，身患经血不调的症状。乾隆四年（1739年），太医院集全国名医修《医宗金鉴》，同时拟出治疗宫女经血不调的药方，即定坤丹。但因为这种药方不能外传，所以《医宗金鉴》未收入。及至后来，有一个太谷籍监察御史孙某，因母亲重病而自太医院将此秘方抄回。从此，定坤丹才流传于世。传说，咸丰二年（1853年），太平天国派军北伐时，天王洪秀全曾命北伐军攻占山西后，要确保生产龟龄集和定坤丹的太谷广升药店最后安然无恙。后来，北伐军因孤军作战失败，天王关于保护好太谷广升药店的命令尽管未能实行，但由此可见，广升药店出售的龟龄集和定坤丹影响之深远。

自嘉庆年间，广升（聚记）药店改组后，到清光绪年间迎来了它的飞快发展期。当时，汉口是川广药材的集散中心，怀庆（今河南沁阳）是生地、山药等药材的主要产区，广州是中西药品的进出口岸。广升（聚记）药店先后在汉口、怀庆、祁州（今河北安国）、禹州（今河南禹县）、广州等地设立了分店。同时，自制销售的丸散膏丹也发展到十多种，如治霍乱的"麝雄丸"、治时疫的"玉枢丹"等都非常有名，销售颇佳。至于龟龄集、定坤丹则更是该店生财的灵丹妙药，尽管这两种药当时产量较低，龟龄集年产仅500瓶，定坤丹年产仅300盒，但因价格昂贵，每瓶（盒）平均需银2两左右，还是使该药店获得不小的收益。

光绪四年（1878年），广升（聚记）药店又进行了一次改组，药店更名为广升蔚，资方包括杜、段、申氏等，而药店实权被段氏所掌握。

光绪十一年（1885年），广升蔚店的资方内部产生矛盾，又进行了第三次改组。申氏带领七家股东退出广升蔚，另组成广升（远记）药店，或称广升远药店。自此以后，两广升分道扬镳，各奔前程。

广升远首任经理申守常，精明强干，药店经过他的悉心经营发展迅猛。雄厚的资本是经商的物质基础，申氏首先设法广为吸收游资，扩充药店资本。接着，积极向外扩展，开设分店，如在营口、济南、重庆、烟台等地也都设立了分店。除此以外，积极扩大龟龄集、定坤丹的销售市场，使这两种药的销售地区由原来的山西、河北、河南、广东等地，又扩大到东北、

第六章 古代商人的社会生活

西南各省和南洋一带。有人估计,广升远从成立到1930年,盈利在70万银两以上。

但是,广升蔚却与广升远相反,由于不善经营,情况一日不如一日。光绪三十三年(1907年),吸收太谷巨绅孟广誉入股资金9000两,又将店名改为广升誉。但药店经营依然惨淡,接连亏损几年。1918年广升誉再次改组,更名为广升誉(正记)药店。终因经营不力,与广升远相比,营业额一直处于劣势。

商人的婚姻与家庭

家庭是以血缘关系为纽带的共同生活的一个团体,是组成社会的最小单位。在不同的时代,不同的地理环境,不同的人文环境,商人的家庭形式和规模也是有所不同的。

从对徽商的各类家庭数量统计来看,大致维持的是一种大家族小家庭结构。大家族指的是累世同居的共祖家庭,在祖父母主持下,数代同堂,人口多达数百人。所谓小家庭,就是指夫妻加子女的直系家庭。当代学者唐力行先生曾对明清时期徽州的家庭与宗族做过分析,他认为:在徽州最多的多山少田地区,很难组成共祖家庭。而随着商品经济的日益发展,也让直系家庭无法承担。所以其家庭构成,以主干家庭和核心家庭居多数,而核心家庭又可分为单核心家庭和双核心家庭。单核心就是三代人中只有第二代有一个完整的核心家庭,双核心则是三代人中第一、第二两代有两个单核心家庭同财共居。

据《徽州府志》记载,地处群山中的徽州,不管是乘车还是坐船都很不方便,田少而人多。由于人口和土地的矛盾,大多数人为了生计就不得不外出经商。除此以外,像山西、福建的一些商帮地区,商人外出也大多是由于地区贫困的原因。明人王世贞指出:"大抵徽俗,人十三在邑,十七在天下。"

著名商人汪道昆也说："新都业贾者十之七八。"大批徽州人以商人的身份外出，尽管在一定程度上缓解了地少人多的矛盾，但又给商人家庭带来新的矛盾。

首先是商人家庭的两地分居问题。商人们抛妻离子外出做生意，由于生意艰难、道路遥远、交通不便等种种因素，很难及时回家探亲，从而造成几年、十几年甚至几十年一家人不能团聚的凄惨情况。情况严重的，有可能刚刚新婚，一别就是一辈子。汪于鼎在《新安女史徵》上讲了这样一个故事。说是在新安有夫妻两人，结婚刚刚3个月，丈夫就出远门经商去了。留下妻子在家以刺绣为生，每到年底她都将积攒的零钱托人换一颗珠子，收藏起来以记岁月，并将这类珠子命名为"泪珠"。等到丈夫归来，其妻已经去世3年了，打开她的箱箧，内存"泪珠"已有20余颗。从这段故事中，我们仿佛可以看到那些盼夫归来的商人妇们的辛酸和眼泪！

其次是商人家庭的晚育问题。在一些商业地区，商人早婚晚育的习俗也与其长年外出的经商活动有关。按照徽州俗例，人到16岁就要出门做生意。实际上，有的人不到16岁就已踏上经商之途，各地对于这类事情都有相关记载。而在他们外出经商之前，一般都要结婚或定婚。根据人的正常生理和生活经验，16岁之前能生育的毕竟是少数，所以少年出门的商人们大多是历经几年甚至十几年以后才生儿育女。据对徽州商人方氏一门统计，明清时期的平均育龄分别是男34岁半，女25岁半。而他们的平均寿龄则在五十几岁。如此一来，商人夫妇的生育年龄相比普通人来说普遍过晚。造成这种晚育的原因，主要是成婚年龄尚早，丈夫即外出，虽然有3年一归的习俗，但贾途艰难，丈夫无法及时返回家乡，造成了正常的夫妻生活受到影响。育龄的提高也就相应地抑制了徽商地区的人口增长。

正因为如此，在徽州一般情况下，维持三代共生家庭的时间都非常短。相对来说，这一类的家庭生活富裕、环境清静，比较注意子女的家庭教育。尤其是那些富商大贾们更是深谙"富而教不可缓"的道理，不惜重金聘请名师教导子女。另外商人捐重金创办的书院、义学、义塾等也是为了商人子弟的教育服务的，这些教育手段，提高了商人子弟的文化水平，一方面为他们以后的经商生涯积累必要的业务和文化知识，同时也将为他们通

过仕途与封建政治势力结合做好准备。

大多数的商人家庭,尤其是在经商的开创阶段,商人的妻子起了非常重要的作用。为了开展商业业务,男人们一般均长年在外,这首先要从思想上、行动上获得妻子的全力支持,以免后顾之忧。这些贤内助不仅从精神上鼓励、支持丈夫外出,而且将家中一切家计如哺养子女、照顾老人、节俭守业、主持家务等一并承担起来。这些商人妻,通过自己的努力,为家庭增添了财富,也使她们自己在家庭生活中确立了重要的经济地位。

知识链接

大德通票号

由祁县乔家堡乔氏在中堂创办的大德通票号,其前身是大德兴茶庄,约咸丰时已兼营汇兑,同治初年专营汇兑,约光绪十年(1884年)四月正式更名为大德通票号,总号设在祁县城内小东街,1937年"七七事变"后,总号迁往北京。

总号设有总经理、协理。下有坐柜一人,会计、文牍、外勤各三四人,另有学徒二三十人。祁县子洪人高钰担任总经理,祁县西六支村人高章甫任协理。最初资本六万两,中期增至12万两,最后增至35万两。在北京、天津、张家口、石家庄、沈阳、营口、呼和浩特、包头、济南、周村、周家口、正阳关、三原、上海、汉口、沙市、开封、常德、重庆、苏州等地设有分号。各分号工作人员不多,一般为六七人,到20世纪30年代改为银号后,分号人数才增至二三十人。

大德通票号营业范围包括存款、放款、汇兑三项。

存款又可划分为两种,分别为往来存款和定期存款。前者是商家浮存,随市面的变化,临时定日利,但存款利率较市面利率为小;后者则有定期一年者,也有定期一、二、三、四、五、六月者,存户如在存款未到期提取利息,须立一借据。存款利息比较低,利率一般是二、三厘,最多四、五厘。放款又可划分为两种，分别为放款和抵押放款。前者于放款时须立一字据，也有随市面习惯办理者。其日利随市面而定，定期者较高，活期者较低；后者抵押货物，须订立合同，执其凭单，验明货物，押品如系不动产，则须执其红契，并立字据，由承还保人垫还。大德通票号对放款对象调查得非常仔细，诸如用款项目等都了解得很详细。放款期限大多数是几个月，很少有一年的。

汇兑有以下六种情况：一、同业对交。各凭各信，不立字据，汇水随市面松紧，临时酌定。二、迟票。除以兑期应加汇水外，所占之期，按月估算递加之。三、兑条。在定汇之后，办理相关手续，立一兑条，从中间剪为两份，汇款者持上半页，承汇者将下半页寄往所汇的地点验兑交付之，即不找保立收据亦可。四、信汇。各凭各信，字号对字号，收款人凭汇款人信，持信向汇入地票号取款，票号如接到交款通知，就立刻付给，汇水（汇费）随行市。五、汇票汇款。凭票给付，汇水随行市。六、电汇。如用明电，见电后找殷实承保户担保后取款。假如是各家的密电，取款手续也和明电一样，电费全部由汇款者承担。汇费并没有固定数额，一般因人而异，由票号与顾客当面商议后决定。大致在交通方便地方汇费为千分之二三，交通不便地方汇资可达千分之二十、三十，甚至七十、八十。电汇费用相比票汇、信汇来说都会高出许多。

大德通票号与官场交往甚密，经理高钰与户部尚书赵尔巽堪称密友，大德通票号在财政上对赵尔巽表示全力支持，赵尔巽也会给大德通票号提供更多便利。陕西巡抚端方，曾派兵为大德通护送镖车。高钰与雁平道恩大任、朔州知事徐葆生以兄弟相称。庚子事变，慈禧太后逃往西安，途经祁县，行宫就设在大德通票号。

大德通票号有非常严格的票号规定。较好地保证了号内工作秩序。

辛亥革命推翻了清朝统治，大德通票号已不能适应形势的变化，业务每况愈下，勉强经营。接着名国政府冻结白银，改革币制，汇兑业都被官办银行夺走，商办票号已难以吸收存款，于是在30年代改组为银号，又改为钱庄，一直惨淡经营到1949年。

历代商人的奢靡风气

春秋时孔子的弟子子贡是一个很有经商本领的人。孔子说他"亿（臆）则屡中"，就是指预测商情，往往说中。他经常在曹、鲁两国之间经商往来。"与时转货资"而家累千金，成为孔门七十二弟子中最富有的一个，因此他的生活也很高调。他经常"连驷结骑"，即带着车队、礼品聘问各国，各国国君也对他礼遇有加，不惜分庭抗礼。

商品经济到了明清之际飞速发展，商人队伍进一步扩大。人们的思想观念、价值观念也在不断更新和改变，他们冲破封建世俗，更加讲究实际利益和追求享受，随之而来的就是社会上出现一股去朴从艳、好奢尚繁的消费风尚。商人是助长这一风气的源头，接着有市民跟风，继而影响全社

巨商大贾奢靡的生活

会。时人归有光曾经指出："天下都会所在，连屋列肆，乘坚策肥，被绮縠，拥赵女，鸣琴跕屣，多新安之人也。"新安，是明清徽州商帮的发祥地，财力集中，自然成为奢侈风气的策源地。同时在全国各地还兴起了诸如山西、广东、福建、宁波、山东、洞庭、江右、龙游、陕西等地域商帮，涌现一大批地域大商人。他们每到一个地方，就会给当地带去一股奢侈之风。据山东《郓城县志》记载：向来以俭朴著称的郓地，"迩来竞尚奢靡"，无论老少，辄习浮薄，饮食器用以及婚丧游宴，都一改往日朴素的做法。就是穷人在祭祀时，也要杀牛宰羊，与富者斗豪华。而胥吏之徒亦互相攀比，"日用饮食，似于市宦"。从南到北，诸如湖州、荆州、芜湖、临清等水陆码头，商贾云集，货物如山，尤其那些牙行经纪主人，赚取各地客商的钱财。一些商人身着华服，乘坐奢华的马车，每天流连烟花之地，常常一掷千金，挥金若土。据记载，仅临清一地就有32条花柳巷，72座管弦楼。当然，能够时常光顾这些地方的人，绝大多数是那些赚些钱财的往来客商。

　　总而言之，每当我们提起古代那些名商大贾的生活往往与"奢侈""华靡"等字眼相提并论，好像他们天生就是挥霍财富的一群人。事实上，作为封建时期的商人，他们尽管拥有很多的钱财，但是还是改变不了他们低下的社会地位。也就是说，在经济上他们可能是巨人，而政治生活中他们又是矮子，受到压抑。在商业资本出路不畅的情况下，只有大量的挥霍，在求得物质享受的同时，达到心理上的平衡。从某种意义上说，这种尚侈僭礼的消费行为也是对封建礼制统治的抗议和冲击。

知识链接

扬州"养瘦马"的习俗

　　扬州，这座商人聚集的城市，也是明清青楼最繁盛的地方之一。当地一向有"养瘦马"的习俗。所谓养瘦马，就是蓄养雏姬，教以乐艺，

第六章 古代商人的社会生活

长大鬻为人妻。"千家养女先教曲",指的就是这件事。而白居易《商人妇》中"本是扬州小家女,嫁得江西大客商"的诗句也正是这种养瘦马行当的真实写照。明成化年间,"开中法"废弛,相继实行的运司纳银制度,将大批山西、陕西及安徽商人吸引到扬州。如到嘉靖三十七年(1558年)前后,客居扬州的西北贾客已经多达数百人。而徽商几乎是全乡出外经商,集体迁徙,其在扬州的人数更为可观。大批商人突然麇集骈至,更刺激了本来已在扬州风行的"养瘦马"习俗,使之变本加利,进一步畸形发展。根据徽州以及山西当地的俗例,商人通常在16岁左右外出经商,一出就是几年、十几年甚至几十年无法返回故乡。为了满足长期独身生活的需要,他们在娶妾、宿妓方面一反菲啬故习,出手十分阔绰。谢肇制《五杂俎》中嘲讽"新安人衣食甚菲薄,唯娶亲宿妓则挥金如土"。《二刻拍案惊奇》第15回也指出:"徽州人有个癖性,是乌纱帽、红绣鞋,一生只这两件事不争银子,其余诸事就悭吝了。"以上评论,都是封建社会商人的真实生活写照。

图片授权

全景网

壹图网

中华图片库

林静文化摄影部

敬 启

本书图片的编选,参阅了一些网站和公共图库。由于联系上的困难,我们与部分入选图片的作者未能取得联系,谨致深深的歉意。敬请图片原作者见到本书后,及时与我们联系,以便我们按国家有关规定支付稿酬并赠送样书。

联系邮箱:932389463@qq.com

参考书目

1. 王忆萍．中华老字号的故事．济南：山东画报出版社，2012.
2. 刘宝明，戴明超．《当代北京商号史话》．北京：当代中国出版社，2012.
3. 齐涛主．中国古代经济史．济南：山东大学出版社，2011.
4. 吴顺发．中国古代消费市场与贸易史．武汉：武汉出版社，2011.
5. 任学明．华老字号经营智慧．北京：外文出版社，2011.
6. 邓九刚．大盛魁商号．北京：中国画报出版社，2008.
7. 尹庆民．城下的市井与土文化．北京：光明日报出版社，2006.
8. 尹庆民．北京的老字商号．北京：光明日报出版社，2004.
9. 蒙智扉，黄太茂．古今商号名联．南宁：广西民族出版社，2004.
10. 吴慧．中国古代商业．北京：商务印书馆，1998.
11. 金开诚．古代商人与商业．长春：吉林出版集团有限责任公司，1970.
12. 沈光耀．中国古代对外贸易史．广州：广东人民出版社，1985.

中国传统民俗文化丛书

一、古代人物系列（9本）
  1. 中国古代乞丐
  2. 中国古代道士
  3. 中国古代名帝
  4. 中国古代名将
  5. 中国古代名相
  6. 中国古代文人
  7. 中国古代高僧
  8. 中国古代太监
  9. 中国古代侠士

二、古代民俗系列（8本）
  1. 中国古代民俗
  2. 中国古代玩具
  3. 中国古代服饰
  4. 中国古代丧葬
  5. 中国古代节日
  6. 中国古代面具
  7. 中国古代祭祀
  8. 中国古代剪纸

三、古代收藏系列（16本）
  1. 中国古代金银器
  2. 中国古代漆器
  3. 中国古代藏书
  4. 中国古代石雕
  5. 中国古代雕刻
  6. 中国古代书法
  7. 中国古代木雕
  8. 中国古代玉器
  9. 中国古代青铜器
  10. 中国古代瓷器
  11. 中国古代钱币
  12. 中国古代酒具
  13. 中国古代家具
  14. 中国古代陶器
  15. 中国古代年画
  16. 中国古代砖雕

四、古代建筑系列（12本）
  1. 中国古代建筑
  2. 中国古代城墙
  3. 中国古代陵墓
  4. 中国古代砖瓦
  5. 中国古代桥梁
  6. 中国古塔
  7. 中国古镇
  8. 中国古代楼阁
  9. 中国古都
  10. 中国古代长城
  11. 中国古代宫殿
  12. 中国古代寺庙

五、古代科学技术系列（14本）

1. 中国古代科技
2. 中国古代农业
3. 中国古代水利
4. 中国古代医学
5. 中国古代版画
6. 中国古代养殖
7. 中国古代船舶
8. 中国古代兵器
9. 中国古代纺织与印染
10. 中国古代农具
11. 中国古代园艺
12. 中国古代天文历法
13. 中国古代印刷
14. 中国古代地理

六、古代政治经济制度系列（13本）

1. 中国古代经济
2. 中国古代科举
3. 中国古代邮驿
4. 中国古代赋税
5. 中国古代关隘
6. 中国古代交通
7. 中国古代商号
8. 中国古代官制
9. 中国古代航海
10. 中国古代贸易
11. 中国古代军队
12. 中国古代法律
13. 中国古代战争

七、古代文化系列（17本）

1. 中国古代婚姻
2. 中国古代武术
3. 中国古代城市
4. 中国古代教育
5. 中国古代家训
6. 中国古代书院
7. 中国古代典籍
8. 中国古代石窟
9. 中国古代战场
10. 中国古代礼仪
11. 中国古村落
12. 中国古代体育
13. 中国古代姓氏
14. 中国古代文房四宝
15. 中国古代饮食
16. 中国古代娱乐
17. 中国古代兵书

八、古代艺术系列（11本）

1. 中国古代艺术
2. 中国古代戏曲
3. 中国古代绘画
4. 中国古代音乐
5. 中国古代文学
6. 中国古代乐器
7. 中国古代刺绣
8. 中国古代碑刻
9. 中国古代舞蹈
10. 中国古代篆刻
11. 中国古代杂技